U0037372

孔子的幸福論與老莊的本心。

本書是用現代語言，以「公開靈言」的形式，從靈界降下孔子、老子、莊子對於現在世界的看法。祂們談論了「幸福」與「理想生命」的問題，也說明了「宗教」與「政治」的關係。

大川隆法
Ryuho Okawa

第一篇 孔子的幸福論 5

第二篇　老莊的本心

第一篇 孔子的幸福論

第一篇　孔子的幸福論

二〇一二年四月十九日　孔子的靈示

收錄於日本東京幸福科學總合本部

孔子（西元前五百五十二年～西元前四百七十九年）

中國春秋末期的思想家、教育家，儒教的創始人。他講述了人間完成之道與理想國家論。孔子的弟子們將其言行語錄和思想記錄下來，編著成《論語》。孔子是九次元世界的大靈，亦是做為人靈的最高次元存在。

〈兩位提問者分別以A、B表示〉

注：「靈言現象」是指另一個世界的靈魂存在，降下言語的現象。這是發生在高度開悟者身上的特有現象，並有別於「靈媒現象」（即人陷入恍惚狀態、失去了意識，靈魂單方面說話的現象）。當降下外國人靈魂的靈言時，發起靈言現象之人亦可以從語言中樞選擇需要的語言，因而可用日語來講述。然而，「靈言」終究只是靈人本身的意見，其內容有時會與幸福科學集團的見解相矛盾。

一、招喚孔子，聆聽其幸福論

孔子為「世界四大聖人」之一

大川隆法：釋迦、孔子、蘇格拉底和耶穌基督，被世人尊稱為「世界四大聖人」。他們「不僅創造了宗教、哲學，更是奠定了道德的基礎」，所以世人普遍認為「他們對人類二千數百年的歷史，產生了巨大影響」。

今日我要招喚「世界四大聖人」之一的孔子，來聆聽一下他的想法，但若是任其自由發言的話，不知道話題會談到哪裡，所以此次就將主題鎖定為「幸福論」。

事實上，孔子很早之前就曾出現在幸福科學的靈言集當中。在幸福科學初期、約八〇年代的靈言集當中，就已經有了《孔子的靈言》（收錄於《大川隆法靈言全集第十五卷》，日本宗教法人幸福科學出版）不過，孔子在靈言當中的登場次數並不多，由此可見「他還有很多其他的工作」。

據說「孔子現在正與利安托．阿爾．克萊德（愛爾康大靈的分身之一）聯手，進行著與宇宙相關聯的工作」，但若過多地談論他的工作，並不符合今日的主旨，所以希望孔子勉為其難，盡可能將焦點與這個世間的角度相結合。

有關孔子的生年問題，世間普遍認為「在西元前五百年時，孔子已經超過五十歲了，約為五十二歲」；我認為如此推測應該正確。雖然難以確定孔子是哪一年出生的，但應該是距今二千五百年前的西元前五百年，當時孔子應該是五十歲左右。

而關於釋迦的出生年代，亦是眾說紛紜。近代的佛教學者們，有著將釋迦的出生年往近代更新的傾向。我不知道這是否貼近最新的說法，據已故的佛教學者中村元博士的意見，釋迦比蘇格拉底還要年輕一些，其出生年往後推到了二千三、四百年前左右。

但我實在難以認同如此說法，我認為釋迦的出生之年應該要更早一些。佛教學者對照諸國王的出生年，進行考古學的比對，基於「每位國王都沒有那麼長壽」之由，他們認為釋迦出生的年代，還要再更接近現在一些，但我感覺事實並非是如此。

如果說孔子在西元前五百年之時，大約為五十歲的話，那麼釋迦應該是比孔子還要更早之前的人。釋迦在晚年七十歲左右之時，曾在靈鷲山講述了相當於《法華經》的內容，我認為孔子即是在這個時期轉生的。

由此可推斷，釋迦應該與「比孔子年長幾十歲」的老子年紀相仿。

此外，蘇格拉底的轉生則是在孔子的晚年期。孔子在西元前五百年時大約為五十歲，等到孔子七十歲時，即約為西元前四百八十年至四百七十八年期間辭世的，此時恰巧是蘇格拉底轉生之時。就如同於取代孔子一般，蘇格拉底轉生於世間。

綜合以上所述，「他們是以釋迦、孔子、蘇格拉底的順序，彷彿像是接力賽一般，相繼轉世」，這即是我的看法。

以大約西元前五百年為中心的數百年間，有許多偉大人物轉生。哲學家雅斯貝爾斯將這段時期稱為「軸心時代」，並且將此時期定位為「人類歷史上非常重要的時代」。據說，以利亞、以賽亞等預言者，亦是在這段時期轉生的。

耶穌是距今二千年前左右的人物，和那段時期有一些差距，但世間普遍認為「現代文明源流的建立，即是在這個軸心時代。在這個時代，世界各地出現了大量的偉大之人」。

聖人們講述「人間完成之道」

大川隆法：人們認為「釋迦開悟後，最後覺悟到『藉由修行開悟，人是可以成為佛的』」，並且認為「佛教是追求覺悟的宗教」。而處於追求覺悟的途中之人即為菩薩，而所謂的「覺悟」，則是指「由菩薩變成佛」。

釋迦在印度講述了「成佛」的思想，孔子則在中國講述了「聖人之道」；孔子所講述的思想，即為「要如何處世才能成為聖人」。

此外，孔子也講述了理想的政治。然而，即便是他在講述政治之時，其思想還是有著「君子的應有之姿」。

孔子始終在講述如何成就「聖人」、「君子」，雖然用字遣詞不同，但在某種意義上，他與釋迦的思想還是比較相似的，兩人皆是在講述「完人之道」，在這一點上是相同的。

另外，蘇格拉底認為「成為哲人（哲學家）、喜愛知識之人（好知者），是做為人非常可貴之事」；這亦是「知曉真理者，即為人類的王者、世間的王者」的思想。在這個意義上，他所講述的即為「哲人政治是理想的政治型態」；據柏拉圖的著作考證，蘇格拉底的確是如此思考的。

總之，無論是追求「成佛」、追求「成為聖人、君子」，或者是追求「成為哲人」，各種說法雖不相同，但歸結到一點即是，在這個「軸心時代」，三位偉大的哲人分別講述了：「如何成為理想之人」的思想。

由於在那段時代出現的偉大哲人，其出生地各不相同，且每個時代的文化和思想亦相異，所以每個人皆是以不同的形態保留了各自的教義。但從本質上來看，這個時代普遍出現了「追求如何成為理想之人的思想」。

對中國、日本和朝鮮半島，產生巨大影響的儒教思想

大川隆法：假設中國不曾誕生過孔子，結果將發生何種變化？

古代的中國出現過許多偉大人物，在「百家爭鳴」的時代，孔子也僅是百家之中的一人而已。然而，從日本人的直覺來說，假如中國不曾誕生過孔子的儒教思想，中國將失去一半的歷史，這足以表現儒教思想的分量之重。

在中國，儒教思想的教義一直持續到了近代，即中國被劃為歐洲諸國殖民地的時代。換言之，儒教思想已持續了二千多年，所以說儒家思想的影響力非常大。雖然「諸子百家」當中存在著各種各樣的學派，但唯有孔

子的教義得以延續，並且成為二千多年間支撐中國體制的思想。

此外，在日本，進入德川時代之後，儒教在某種程度上成為了國教。在天皇制度下，以京都為中心的天皇存在，是日本神道教的象徵，但自從江戶幕府開始以後，幕府就將中心轉置於儒教思想了。

當時，儒學被視為實用學，其中明確涵蓋著「重視秩序、不破壞體制」的教義，並且講述了禮儀、禮節，幕府亦有意「想要保護統一的天下，不被破壞」，所以或許就選擇了儒教思想。

在德川時代，一定有許多孔子學派體系下的後裔，做為日本人轉生。在這層意義上，日本也相當受到儒教文化的影響。

此外，儒教思想也進入了朝鮮半島，據說儒教思想在朝鮮半島的影響亦相當深遠。即便是在北韓，也並非沒有儒教思想。從初代（金日成）、第二代（金正日），直至第三代（金正恩）的誇張祭祀行為來看，北韓也受到了儒教思想的影響。

然而，儒教思想已持續了二千五百年，做為思想來說，其使用年限也差不多要過期了。因此，如今正是要打出新思想的時候。

孔子不可能不理解靈性事物

大川隆法：關於儒教，也有人認為「儒教並非是宗教」。

他們指出在孔子的教義當中，「既沒有談論到鬼神，亦沒有談論到靈魂的存在」，所以說「儒教並非是宗教」，儒教是一種道學，僅講述道義而已。

在《漢和辭典》當中，有名的已故作家白川靜曾寫過《孔子傳》一書，書中記載：「孔子，大概是巫女的孩子吧！」

我不曉得這是否為一般的說法，但白川氏明確地記述了「在調查過孔子的名字和出生環境等以後，可以推斷孔子即為降神巫女所生的孩子」。

如果孔子是降神巫女所生的孩子，他就不可能不理解靈性事物。

此外，在孔子的思想當中，常常會出現「天」一詞，我認為這就是取代「神」一詞；意味著「天帝」一詞的「天」，常見於孔子的話語中。另外，孔子對「君子」的定義是：「承接上天的意志，治理地上世界之人。」從這個角度來看，孔子的思想與宗教的教義，其實沒有太大差別。

以文字來看孔子的思想，因為有強烈的政治色彩，所以減弱了宗教色彩，但儒教當中，人死後會舉行隆重的葬禮，佛教也會舉行盛大的葬禮，兩者並無多大的分別。

只是在一般民眾的印象當中，比起儒教，更接近民間信仰的道教，似乎更擅長靈性的一面，並有著喜愛靈術的傾向。而道教是以老子和莊子的教義，為其思想的中心。

為追求理想政治而周遊列國的孔子

大川隆法：孔子雖然是為了追求理想政治而周遊列國的，但我認為，孔子的本質是宗教人物。孔子在周遊列國、講述理想政治的過程中，甚至還曾擔任過宰相。但那也只是短期任職，他的大部分人生還是在流浪中度過。

釋迦亦曾講述過何謂理想的政治，但相較之下，其數量比較少。反之，孔子則是直接講述如何打造理想的政治，甚至也建言：「如果讓我擔任宰相的話，國家就能團結在一起。」但其理念終究沒有被認可。

因為有以上原委，在孔子的思想當中，亦有一部分與幸福科學相似的內容。在幸福科學的教義當中，存在著與孔子的中心思想、根本思想相通的內容。

以上即為序言。

而現在，我們想知道今日的中國和過去的中國有何不同，因此想就這方面詢問孔子的意見。提問者是幸福科學的國際本部長，或許他也正在思考這方面的問題。

我希望盡可能收錄到能夠遺留後世，做為「人類知識遺產」的靈言。

二、各個年代的幸福論

招喚孔子的靈魂

大川隆法：接下來，我將招喚孔子的靈魂。

幸福科學指導靈團的一員、偉大的九次元大靈孔子啊！請您降臨到幸福科學的總合本部，為我們講述以「幸福論」為中心的內容吧！

孔子的靈魂啊！請降臨！

孔子的靈魂啊！請降臨！

（約二十秒的沉默）

孔子：我是孔子。

A：您好！

孔子：你好！

A：由衷地感謝您今日從九次元高級靈界，降臨到地上世界的幸福科學總合本部。我是幸福科學學園的〇〇。

孔子：嗯。

A：今日的主題是「孔子的幸福論」。希望您能夠對生活於現代社會的我們，講述「幸福論」。

孔子：嗯。

A：首先，請允許我提出第一個問題。現代社會是一個非常複雜的社會，在如此的環境中，世人皆在追求著幸福，但卻也有許多人因為無法獲得幸福，而陷入了痛苦。在此，首先請您從「完善人生之道」的觀點，教導我們每一個人為了獲得幸福應有的心理準備。

孔子：你的名字真奇怪啊！（編注：提問者的名字叫做「九鬼」）

A：（笑）

孔子：是有「九隻鬼」嗎？

「鬼」就是幽靈啊！在中文裡面，「鬼」就是「幽靈」的意思。

A：是嗎？

孔子：有「九隻」幽靈……，這可真有意思！

A：（苦笑）

孔子：九鬼……，沒想到現代社會還保留著這種名字。

你這個名字還真能任職於宗教法人啊！所謂的「幸福論」，就是要驅逐鬼啊！

A：（苦笑）是這樣嗎？

孔子：從某種意義上說，「如何驅逐鬼」的理論，即為幸福論。

因此，「如何擊退擁有著九隻鬼的人」，這對於幸福論而言，是非常重要的事。

如果人的心中住進了鬼的話，就必須要將它驅逐出去。

年輕人的幸福論──樹立一生的志向

孔子：關於幸福論，我想要教導很多內容，雖然不知道該從何講起，然而，根據年齡的不同、或年代的不同，各自認為重要的事情也會有所不同吧！

因此，根據你所追求的「是哪個年齡層的幸福論」，其內容也會有所差別。從年輕人到年長者的幸福論，是不可能完全一樣的。

首先，對於年輕人的「幸福論」，即是志向的問題。要樹立志向，立志也和幸福論有關。

也就是說，「你到底抱持著何種志向？」所謂志向，即是人生的方向性，「如何樹立人生的方向性」是非常重要的。如果在確立志向時犯了錯誤的話，你們所說的幸福，就不會到來了。

要立下什麼志向都好，但流傳到日本的儒教體系當中，有著各種各樣不同的志向。其中，有人強調要行俠仗義，於是從十幾歲就開始加入飆車族或成為暴力集團的一員，或者是在身上刺青，到處惹事生非，成為了極端的右翼暴力份子。

這樣的「立志」，恐怕就是誤入歧途了，所以「樹立何種志向」是非常重要的。

人到了十五歲時，就必須要確立志向了。按照現今的日本來看，十五歲即是進入高中之時；從國三要升上高中的時候，就應該要樹立自己的志向了。

換言之，這個時期即是思考「自己要以何為目標，做為一生的志業」，並且朝著自己的目標、志業，不斷勤勉努力的時期。

在這個時期當中，就如同剛才所講述的，有人會因為結交了壞朋友而誤入歧途，也有人會踏進遊樂之路，或遊手好閒之路，還有人會讓家庭充滿暴力。

當然，也有人會認真學習，或是幫家裡做家事。總之，人生會有各種各樣的志向。但重要的是，以十五歲做為一個起點，應該在此時期樹立一生的志向，並基於此，選擇自己的學問之道。

如上所述，年輕時的立志，將會開啟通往幸福的道路。

三十歲的幸福論——成為獨立之人

孔子：其次是「三十而立」。

人到了三十歲時，就必須要以「成為獨立之人」為目標了。

至三十歲左右，完成了學業的基礎後，要謀得足以支撐自己一生的職業，建立生活的基礎。如果可能，結婚成家，穩固家庭的基礎；

樹立如此目標，是非常重要的。總之，此時是要「成為獨立之人」的時期。

在三十歲左右之時，要成為一個獨立之人、做為一個社會人，成為他人所認同的「獨立」存在。在工作方面亦應該擁有某種專業，能夠完全自給自足，甚至還能養家育子。

這是最基本的想法。在三十歲左右的幸福論，大致就是如此了。

四十歲的幸福論——知曉自己的器量

孔子：接下來是「四十而不惑」。

從依賴父母到漸漸獨立，並且擁有一份職業，透過自己親身勞動、能夠賺錢養家，已經過了十年。或許有些人是二十歲後，就開始工作，這些人則可說已經自立二十年了。到了四十歲，迎來的是不惑之年。此時，做為人的器量、器度，亦可略見一二；此即為四十歲之年。

從現代的日本社會來看，四十歲亦通常是任職管理階層的年齡。換言之，「自己是否擁有勝任管理職位的器量」，到四十歲之時就能見真章了。此時，必會清楚自己是否適合於管理職，還是專業技能的工作，或者只是普通雇員。當然，不能說「某種工作比較尊貴，某種工作比較卑微」。總之，知曉自己器量的時期，即為四十歲。

自三十而立，從「independent」的狀態開始，在這十年時間當中，必須不斷地磨練自己的器量、擴大自己的器量。此時必須要知曉「自己能夠擔當多大的責任」，這即為四十之年。

五十歲的幸福論——一生的評價已大致確定

孔子：五十歲之時，則有五十歲的幸福論。

四十歲之時，正如方才所言，對於自己的道路，應該抱持著不退轉的意念。換言之，四十歲即是下定決心「自己前進的道路僅此一條」，且不再有迷惘的歲數。

但如今已經進入轉職頻繁的時代，有人或許還會更換好幾次工作。但若想獲得大成功的話，則應該盡可能的在四十歲左右，找到能做滿一生的工作。

或許也有人是從四十歲開始做其他的工作，但那可能是為了能維持生計，但如果希望能大成的話，就必須在四十歲左右，確立自己未來一生中的工作，因為此時正是通往大成之道的時期。

那麼，「五十歲的幸福論」到底是如何呢？

五十歲之時，則是實現自我，讓自己成為某方面的專才之時。在四十歲時，必須要抱持不退轉的意念；但是到了五十歲時，則必須成為一個真正的專家，在自己的專業道路上，擁有一流的水準。在五十歲成為一種權威，在專業上必須要達到一流的水準。

若是學者的話，就必須成為教授，並在一定程度上穩定自己的名聲。或是在各行各業中，必須要讓自己能夠成為該領域公認的專家，這即為五十之年。

因此，到了五十之年，是必須要大致鞏固自己人生評價之年，這即為五十歲的幸福吧！

在社會、家庭，或者是從整體來看，「此人得到了什麼樣的『評價』」，這在一定程度上得到穩固，這即是五十歲的幸福。

六十歲的幸福——不忘為將來努力鑽研

孔子：六十歲被稱為「還曆」，一般來說，有許多人在此歲數面臨退休。

此時，人的體力會逐漸衰弱，對於自己的將來，亦會感覺到不安。此外，孩子也將完全地離開自己，所以對於未來的希望會越來越薄弱。這即是六十之年。

人們在此時要做出判斷，到底要如何看待自己的未來。

到六十歲之時，仍然抱持著學習之心的人，我認為日後此人必將獲得晚年的大成。

換言之，在六十歲時，仍不忘投資自己、不忘為自己的將來努力鑽研之人，勢必將擁有更加豐富的晚年生活。反之，到六十歲之時，感覺到「人生差不多已結束」之人，則應以「好好生活下去，做為一位好老人，生活中不要給旁人添麻煩」當成是普通的目標。

如上所述，六十歲即是考驗「能否進一步完善自我」的年齡。在六十歲前後的年齡，若還能再度發心，勢必將獲得更進一步的未來。若是從事一般性的工作、事務性的工作，或是體力勞動工作的話，一般到六十歲以後，大都是要退休了。然而，到了六十歲之時，依然不忘知性的投資，並勤勉學習的話，等待此人的，必將是通往更大的完成之路。此人必將成為更高段的大師，等待此人的，必將是為更多人所仰慕的未來。

七十歲的幸福論——不玷汙晚節的人生態度

孔子：至於到了七十歲，嗯……。

在六十歲時，還必須經常傾聽周圍人的意見，以免在自己的人生上犯錯。

然而，到了七十歲以後，即便還想繼續做自己想做之事，也必須要做到「不逾矩」。換言之，即是「不違反社會規範，不成為社會公害，或做出玷汙晚節名聲的事」。這在七十歲時是非常重要的事情。

在人生的旅途中，有些人一直過著美好的生活，成了名人、獲得了事業的成功、變成了有錢人，或成為了有名的學者等等，但卻有人晚節不保，玷污了自己的名聲。

例如，最近在報章媒體上常看到，某個著名經營者，在七十歲左右之時犯錯被捕入獄；又或者是變成「社會公害」，又或是做壞事，將公司私有化，讓公司倒閉，危害社會等等，如此容易發生各種事情的年齡，即為七十歲之時。

因此，在七十歲時，正所謂「七十而從心所欲不逾矩」，能夠度過不玷汙晚節的生活，是非常重要的。

如果上了年紀以後，欲望仍然不斷增強的話，當然「理想遠大」這本身並非是壞事；然而，有太多人不是理想遠大，而是喪失了自制心，自我擴張欲單純地變成了利己欲的擴大，自己變得無法客觀地看待自己，到了晚年自己玷汙自己的名節。在七十歲之時，必須對諸如此類之事要有所自戒。

因此，到了七十歲以後，為了不玷污晚節名聲，應該要更謹慎確實地努力，並知所進退。

自己能夠進行何種程度的工作？該發揮何種程度的影響才恰當？此外，哪些工作應該放手給後輩們去進行？又或是說，自己是否確實地培養了下一任領導者？。

甚至有些經營者，長久以來是自己一個人經營企業，所以把下一任的領導都全部消滅掉了。

所以，在七十歲時要有著「不玷污晚節」的美德，此即為七十歲前後的幸福論。

八十歲的幸福論——看見不斷延續的繁榮

孔子：對於現代人來說，活到八十歲也並非是罕見之事。普通的日本人，如果不是遭遇事故，或者是罹患大病，一般大都能夠活到八十歲。

八十歲的幸福論即是，自己的身體還能夠自由的活動，頭腦還尚未失智，可以識別各種事情。僅是如此，就已經是十分幸福了。此外，若還能夠看到「自己一手成就的工作、自己建立的家庭等等持續繁榮」，那就真的是非常大的幸福了。

「到了八十歲之時，自己的子孫、自己培養的部下、後輩、或社會上的眾人，並沒有厭惡自己，而是尊敬自己；並且，自己的身體仍很健康，認知能力也並未衰退，甚至還能夠繼續工作。」這恐怕就是身為人的極致幸福了。

九十歲的幸福論——受他人景仰而離開世間

孔子：一般情況下，人的壽命大概到八十歲左右，但偶爾也有人能活超過九十歲。

那位寫我的傳記的人，至今九十五歲仍每天伏案編撰《漢和辭典》。活到九十五歲，還能夠繼續活躍於工作中，這種情況恐怕僅有萬分之一的可能吧！能夠如此長壽，沒有失智，而且還能夠繼續工作，完全掌握天命之人真的是非常罕見，這種人即是完成世間生活之人。

「到九十五歲之時，還能夠繼續工作，並且了無遺憾地離開世間」，這種人用我的話來說，即可以稱為「君子」吧！若不是「君子」，那即是聖人吧！這種人就可以稱得上是「行於聖人之道」吧！

活至九十五歲，且受人尊敬之人，在現代社會中僅有幾位。能夠度過如此人生，受到世人的尊敬而離世之人，至少可以稱得上是「走於世間的聖人之道」。

「對後世留下影響力」的幸福論

孔子：九十歲以後的幸福論，則為死後的幸福論。

此處的幸福論，乃取決於「後世的人們是如何評價自己」。這是不同意義上的幸福論。

剛才我以不同的年齡為界線，講述了一般意義上的幸福論。可是，當我還在世的時候，這個世間並未像我所想的那般進展，世人無法接受的思想亦還有很多。對於我的教義，當時很多人都認為「那只是理想論，並沒有現實上的意義」。

從事政治的人們，得面對許多諸如權力鬥爭、糧食或戰爭等各種問題，所以對峙、處理如此的問題即是當時政治的工作。

因此，我主張「將禮教變為政治的中心思想」的觀點，並沒有輕易地被世人接受。我的教義在當時被普遍認為「太過於理想，不符合現實」，但那被認為「不符合現實」的思想當中，卻很意外地被人們發現「具有普遍性」。

單看我的人生，或許最終的結果並非很好，可是流浪於各國的過程中，即如同「孔子擁有三千門生」所指的，各地均存在著我的弟子。弟子們當中有能力的，之後亦被任命為各國的大臣、宰相等要職。從這個意義上看，雖然我本身沒有實際施行理想政治的機會，但在某種程度上，我卻留下了影響力，並且此影響力還跨越了中國，影響了朝鮮半島、日本以及其他國家，這是件非常值得高興的事情。

在思索「幸福論」之際，「窮盡一生來完成某一件事情」是非常重要的，但做為各位入門的參考，可以思索這「與年齡相應的幸福論」。

A：感謝您為我們詳細地講解了各個年齡的「幸福之道」。

三、理想教育的應有之姿

A：在幸福科學學園當中，我們期待能培養出磨練自己、遂行高貴義務的精英，進而致力於教育事業。

我感覺這與孔子所講的「君子之道」是有著異曲同工之處的，此外與您最初講述的「志向」亦是相通的。在此，希望您能夠就「遂行高貴的義務」這一點提供意見。

教師須為「好學者」

孔子：幸福科學學園的願景非常好，教育是很重要的啊！

當然，自己一個人也能夠做學問，但在一開始還是必須有人教導才行。因此，如果沒有充滿熱情的教師，或者是教職員，就不可能建立起嶄新的學園或大學。

如果將「學問」定位於「單純地教授知識或技術」的話，那麼前來就學的學生，亦會僅是把學問單純視為知識或技術，畢業生想必也是這麼認為。因此，必須要由「好學者」擔任指導者，學生才能透過學習，感受到喜悅；透過學習，感受到自己的成長即為一種幸福。換言之，他們能夠透過學習，提高自己的認識力和理解力，並將此視為自己的成長，進而感受到喜悅。

如果上位指導者當中沒有這種「將學習視作喜悅之人」的話，那麼受教的學生們也不可能會感到幸福吧！

以向社會提供人才為目標

孔子：「名校升學率」或許也將成為各位努力的目標。但若僅以此做為終極目標的話，那就實在是太淺薄了，各位還應該要以「向社會提供人才」做為目標。

要培養學生們「做為人的深度」、「遠大的志向」，或是「為世界貢獻的志向」；此外，持續地培植學子抱持著「讓自己『通往聖人君子之道』」的高尚精神。

學校即是培養如此精神的搖籃、推手，所以絕不能僅將升學、畢業本身當做是目標；學校必須要不斷地培養擁有如此「高貴精神」的人才，讓這些人才投身於社會。

各位的志向本身即是在培育人才，所以上位指導者的志向，必須要盡可能地高尚、清澈。

當然，培養為這個世間貢獻的人才亦很重要，但那僅是做好了一半，亦即「人的基本」，還有另一半，也就是人必須要為理想而活；此即為我的思想。

A：非常感謝您的教誨。

我會將您的思想銘記於心，並繼續確實地精進。

孔子：嗯。

四、儒教與日本神道教的關係

日本的「天孫降臨」思想，並非出自儒家。

A：我想要改變一下主題，再向您請教一個問題。

根據我所學到的真理，您在天上界是掌管著以秩序和禮節為中心的紫色光線，然而，在紫色的光線當中，亦存在著日本神道教的諸神。因此，若有可能，請您教導我們您和日本神道諸神明的關係。

孔子：這個問題實在很難回答啊！

日本神道是日本神道，它有著各種教義、各種傾向，所以很難說是「儒教指導著日本的全部」。

此外，日本還吸收了另一種思想——天孫降臨思想，即「天上諸神降臨到地上界，建立了歷代皇室，一直持續到現代」，但中國卻並非是如此的形態。

換言之，「日本皇室的祖先即是神明」，這表示著在血統上，天生即為君子之人存在於日本。皇室持續了一百二十五代的理由，在某種意義上，亦是為了不流於世俗，以維持那般之德。

另一方面，中國雖然建立了王朝，但各個朝代皆是「順應天命而建立的」，而且最長都不會超過三、四百年，過了這時間後，通常都會再次爆發革命，進而使某個朝代結束。

總之，在中國反覆上演著「奉天之命發動革命，出現下任指導者，建立新朝代」的歷史。

在日本，當然也會出現幕府之間的更迭，可是「幕府之上存在天皇」的制度從未變動過。這種思想，不能說是直接出自於我的思想。

如此（天孫降臨）的思想，並非是出自於儒教，而是與長久以來世界各地流傳的君王制、王權神授說等思想是一致的，或者說是與君主制等思想一脈相承的。

未在中國扎根的日本神道之「和」的精神

孔子：另外，日本特有的「和」的精神，與中國的思想亦有所不同。日本神道之「和」的精神，似乎並未植根於中國。

在我的時代，即諸子百家的時代，正所謂是「百家爭鳴」，世人皆在爭相侃侃而談的時代。用現代的話語來說，世人都在進行著辯論。各種各樣的學派皆各執一詞，透過意見的相互碰撞，以增加己方的門生。這種做為學派的學堂，亦是多不可數的時代。

日本很少有這種情況，通常都是清一色，或者說同一時代渲染同一顏色的情況比較多。因此，這兩者的思想未必是一致的。日本的神明，應該也有不同的看法吧！

尊崇「戰爭勝利」與「和之精神」的日本神道、注重「學問」與愛好「禮學」的儒教

孔子：在我們看來，日本除了擁有「和」的精神以外，同時日本古代還很重視戰神，或者傾向將打勝仗之人做為神明來祭祀。

也就是說，在實際戰爭中取勝的人們，可能變成了之後的天皇，或者是在戰爭中取勝的人們，因為曾向神明祈求要打勝仗，所以他們死後也變成了神。

從這個意義上看，在日本神道當中，既存在著將「取勝於世間」、「取勝於戰爭」視為神的條件，但又存在著截然相反的互補原理，即「和的精神」。由此可見，日本神道其實是非常不可思議的系統所構成的。

我認為日本神道，或許是因為由日本的最高指導神，即天御中主神

和天照大神的性格合體以後，進而形成如此型態。天御中主神在明治維新時，主張「富國強兵、增產興業」的思想，或者說他抱持著「在經濟上要繁榮、在武力上要強大、要獲得世間的勝利、要建立強國」的有力思想。

另一方面，天照大神則有著「在政治中創造出協調」的作用。這兩位神明的相互協調，創造出現今的日本。

要說我的儒教思想是否與該思想一致，我認為與日本神道相比，儒教的「學問性非常強」，換言之，儒教思想即是學問的思想。比起是否擅長於打仗，儒教更重視學問方面，或者說「喜愛禮學」。對於禮節秩序或音樂，以及各種「言行舉止」、「優雅性」等領域，儒教多所著墨。

中國文明與日本文明並不相同

孔子：因此，日本的神道與中國的儒教，並非是同一種文化。當然，要認為「日本是儒教文化」也可以。

的確，在德川時代以後的日本，受到了儒教文化的影響。此外，古代的日本也與中國有過交流，這都是不爭的事實。特別是在德川時代，儒教文化的影響力非常強大，這亦是事實。然而，比起儒教，佛教更早滲透於日本；比起佛教，日本神道的思想又更加深入。所以說，日本的基礎思想，應該還是日本神道教與佛教互相融合的結果。

換言之，日本擁有著四層的文明構造，即「基礎是日本神道，在此之上有佛教，再上一層是儒教思想，最後一層則是西洋的近代理性主義思想」。

總之，中國文明與日本文明並非是完全一致的思想，兩者之間還存在著許多差異。

A：非常感謝您。接下來請允許我們更換提問者。

五、「修己治人」之思想的問題點

B：感謝您今日的降臨，我是國際本部的〇〇。

孔子：嗯，我好像在哪裡曾看過你啊！

B：謝謝您！我想要詢問您有關於政治方面的問題。

孔子：請問吧！

B：您曾講述了完人之道，也就是「修己治人」，唯有先修身，爾後方才能治理眾人。

在此，請您教導我們關於理想的政治家的樣子，以及要如何修己，方才能領導國家、管理國家。

孔子：嗯。那的確是我的理想，但看看現代的中國，似乎未必通用啊！

「首先是修身養性，其次是管理家庭，之後是治理國家，最後才是平定天下」，換言之「要始於個人，然後才依序是家庭、社會、國家，最後是全天下。由小及大，慢慢發展」，如此「修身、齊家、治國、平天下」即是我的思想。

然而，對於現代中國所抱持的問題，或者說不僅是現代，審視從秦始皇以後的中國歷史潮流，自從強大的統一國家，或以強大的軍事力量為背景的國家出現之後，單憑個人的力量，是難有作為的。因此，如此思想有著不夠充足之處。

在社會能夠保障自由的時代當中，如此的思想的確非常適用。但是，當一個國家對人們開始強烈壓制時，還要人們「要先修身」的話，這恐怕就會成為掌權者逃避責任的藉口了。所以說雖然是很遺憾，但光是如此思想並不能夠解決所有的問題。

譬如說，即便在日本，當國民對政府抱持各種不滿時，若國家領導人還對國民說：「請各位首先努力工作，思索自己能變幸福的方法！」結果將變成怎樣呢？恐怕日本也將會變成中國或是北韓那般的國家吧！

換言之，如果這樣的思想反被統治者加以利用的話，就會導致上述的結果。尚有一個與此相反的思想，那即是「如果在國家要加害國民幸福的情況下，就必須要出現革命家，以解放更多的人們」，也就是「易姓革命的思想」。藉此，讓國民從壓抑的體制下解放出來，從修身的階段轉變為建立國家的階段。

此外，在這些革命家當中，還必須要有曾經深入學習之人。深入學習過後的思想，在超過一定的臨界點以後，勢必將轉化為行動。不斷提升的知識力，必將會轉換為變革社會的力量。

就好比持續往瓶中加水，水就必然會溢出瓶子外一樣，不斷持續學習，其認識力的高度，能夠讓此人看見社會的應有之姿、國家的應有之姿以及未來的應有之姿。並且，當看到必須要改變之事、必須要做之事時，知識力就會轉化為行動。

當然，做為理想來說，眾人皆應以成為聖人、君子為目標，這當然是件好事。可是在這種思想當中，亦存在著「反被利用於統治原理」的危險之處。對此，必須要有所留意。

就如同於日本的憲法，規定人權的部分和規定統治的部分是分開來的，唯有如此才能夠治理國家。總之，「做為私（個人）應該努力的部分」、「做為公（國家）應該努力的部分」這兩方面必須要同時追求。如果將此一元化，就未必是好事了。

譬如說在軍事政權的制度下，即便各位想要發展新宗教，也是無法實現的吧！所以說，為了打倒軍事政權，我們就不得不拿起武器，與之進行戰鬥。在那種情況下，若僅憑「穩定己心、保持和平」的思想，恐怕是行不通的。這個世界畢竟是很現實的，因此即便是宗教組織，有時也必須要拿起武器進行戰鬥。或許他們亦是在追求某種意義上的理想。

伊斯蘭教也是如此，塔利班原本是一個神學院，但如今卻演變成了恐怖組織。

總之，這問題還是有其艱難之處啊！

B：非常謝謝您。

六、中國的走向與世界的潮流

朝向民主化進退兩難的中國高層

B：其次，我想要請教您有關於世界政治的潮流。現今中國實行著霸權主義，但民眾追求民主化的聲音越來越強。到底中國今後將走向何方？此外，世界的政治潮流又將會如何發展？

孔子：我很關心中國、朝鮮半島和日本，因為這些地方都還保留著我的思想。近代史上，中國曾經爆發過文化大革命，我的教義幾乎都被丟棄了。但現今，中國開始進行復興孔子思想的運動。如此的復興運動本身並非是壞事，但中國政府認為「孔子的思想中比較少宗教性，所以能將此用於統治人民的原理中」。我覺得中國政府只是看上了儒教思想中有著「遵守秩序」的教義，即使讓國民學習，亦能夠好好地壓制住人們。

「將世界各國變成美國那般，是否就幸福？」的問題，真的是很難回答。

現在中國的統治者都認為「全體人民的意識並沒有那麼高」。他們認為「歐美人擁有著較高的教育水準和生活水準，意識水準也是相當高，所以讓他們自由發表意見、行動，即實行民主主義政治，或許是比較好。但在中國，只有小部分人有著如此的程度，能夠進行判斷的人，或許僅有一成，其他九成的人還什麼都不瞭解」。

總之，做為理論，他們也已經理解了民主主義。可是，他們擔心「一旦將歐美型的自由賦予那些還未被啟蒙的九成國民，那將只會招致國家混亂。自由未必都是向『善』發展的，自由常常也會導致暴亂、暴動等」。

的確，暴力、殺人、掠奪、盜竊等行為，說自由也算是自由。如果自由的背後失去了倫理規範，那麼就必定會變成那個樣子。現今的日本人，就算是發生了震災，也不會出現搶奪、暴行、或是放火等行為，所以就中國人來看，日本這個國家確實是儒教國家。因此，現今中國面臨如此進退兩難的困境，高層領導瞭解如此情況。在中國的高層當中，有許多去過海外留學的人，他們非常清楚其他國家的先進之處。但即便如此，他們仍然認為「很難賦予中國人民相同的自由。要等到國民的水準提高，還需要一些時間」。他們的意見是「雖然中國還有著一些壓抑的政策，但現今，南方的經濟水準已經提高了。等到提升到香港那般的水準，那麼即便給予一定程度的自由，他們能夠自行議論，自己可以進行統治，但現在要實行整體的自由化還是比較困難。目前透過強勢的政府，或者是專制的政府，還是比較容易治理國家。總之，當國民感覺到個人的無力感，願放棄獲得全面自由，並進而順從政府時，國家的秩序才得以維持。如此狀態，對於國家利益才較大」。

中國能否存在「基於多元化價值觀的政黨」

孔子：關於「中國未來將走向何方」的問題，可以說中國尚處於文明實驗中吧！如今，在「能否轉移為習近平體制」的問題上發生了內部紛爭（即薄熙來下台的事件），這亦表示著「中國能否引進多黨制度？譬如，兩大政黨，或者是三黨、四黨等基於多元化價值觀的政黨能否存在」的文明實驗，已經正式開始了。

然而，在政黨成立之前，必定會出現互相肅清的情形。當然，在統治的原理當中，無論如何也避不開「鎮壓反對者，壓制反對勢力」的原理。

此外，有些事情未必能透過多數決而做出決定。在中國，指導者的人數總是比較少的。

實質上，中國已捨棄了毛澤東思想，或是先前的馬克思主義。可是若問「中國的勞動者們，能夠共同治理中國的政治嗎？」那麼中國高層領導則是認為「中國民眾的水準，還未達到那般高度」。

目前中國是「民眾派的政治家」與「以太子黨為首，家庭背景良好的『貴族式』政治家」兩派交鋒的時期；若用英國的情況來說，即是像保守黨與工黨的對峙；用美國的情況來說，則相當於共和黨和民主黨的關係。換言之，「兩派能否共存？能否進行政權交替？」目前中國正處於如此爭鋒當中。

當今的國家主席胡錦濤，即為民眾派的代表，但下一任主席習近平，則更接近於貴族派、精英派的代表。因為習近平是追求以統治階級為主導的政治，所以兩派之間產生了激烈糾葛。

總之，關於「在中國是否能讓多黨文化扎根？日後能否施行政權交替制度」等問題，真的是很難定論。因為從本能來說，掌權的一方通常會壓制反方的勢力。

可以看到現今中國，正步入非常混亂的時期。

伊斯蘭教亦進入了必須革新的時期

B：關於中國以外的世界政治潮流，以及今後的局勢走向等，能否請您講述您的想法？

孔子：正如你們的總裁先生所講述的一樣。這個世界除了有像中國一樣，表面上是無神論、唯物論，以軍事來專制的獨裁國家之外，還有很多小型的軍事獨裁國家。「如何和平地推動這些國家走向民主主義體制」，即為一個重大課題。

另一個問題即是，「如何協助伊斯蘭教的國家」。伊斯蘭教已經很陳舊了，現今進入了必須革新的時期。

伊斯蘭教的教義和戒律，因為和政治、軍事成為了一體，所以解決伊斯蘭教的問題有其困難之處。除非國家遭遇戰敗，否則宗教本身是很難改變的。

在某種意義上，伊斯蘭教是穆罕默德在戰爭中取勝、建立了國家之後，才變為了國教。或許正因為如此，對於伊斯蘭教國家來說，除非國家遭遇戰敗，否則是無法改變其宗教的。

美國即是如此考慮，進而對伊拉克發起了攻擊，企圖打倒該國的領導者，推進該國的民主化。但在現實中，持續爆發著恐怖攻擊事件，混沌的狀態一直持續。最終伊拉克還是希望獨裁者的出現。或許伊朗也有著相同的問題吧！當政治、軍事和神學，或者說宗教上的領導者形成一體時，就會出現非常大的權力吧！

如果這些人知道一些類似我所講述的「君子之道」的教義，那還沒有問題，但若沒有的話，就會做出醜陋的事情。這是一個巨大的課題。該如何解決「以基督教和伊斯蘭教為中心的文明爭端」，這也是一個重大的工作。

如今正是要面對這些問題的時候，也正因如此，愛爾康大靈認為「若不解決這問題，就無法開創人類的未來」，進而展開了各種各樣的活動。

幸福科學的思想將影響中國

孔子：我覺得幸福科學的思想，實際上已經開始對中國產生影響了。中國也正處於不斷的變化當中，此外，我還感覺「中國越來越不同於迄今為止的中國了。如今，嶄新的力量正在發揮著作用」。換言之，現在回顧十九世紀的歷史，中國人民拒絕變為西方的殖民地。但我感覺到，中國能獲得不同意義上的解放。而如此模式，如今正在開始運作。

或許日本將成為中國的影響者吧！我是這麼認為的。如果說「日本」一詞有誤的話，那可以說是「幸福科學的思想將影響中國」。

各位所說的黃金時代，或許即是「習近平的大中華帝國霸權主義，因為幸福科學的思想而瓦解，進而轉型為自由主義、民主主義的政治思想」的過程。

這些可以說是「歷史的重演」，如今「幸福科學的思想」和「大中華帝國霸權主義」，就像自古以來的形式，處於正面交鋒中。

不過，所幸美國和其他亞洲各國，如今正依循著幸福科學的思想開始展開活動了。

當一股原動力開始運作時，亦會對其他方面產生影響。日本的媒體並非是沒有力量的，如今幸福科學對日本媒體所產生的巨大影響，亦將轉而影響到其他方面。

B：非常感謝您。

七、幸福科學「做為宗教的未來」

宗教中「啟蒙」的難度

B：接下來，我想要請教您有關於宗教的問題。您所活躍的時代，中國處於戰國之世。因此，我感覺您似乎未能對當時的民眾，講述到有關於「神」的話題。然而您在許多講話中，都使用了「天」一字，我感覺這就是在講述另一個世界的事情。

此外，在幸福科學初期的靈言集當中，您亦曾說過「我本來就是想講述神之世界的人」。（收錄於《大川隆法靈言全集》第十五卷、日本幸福科學出版）

接下來，請您教導我們有關於「您想要講述的靈界觀、宗教觀以及神之世界」。

孔子：這些話題都很難啊！我認為主要問題還是在於「如何看待啟蒙」吧！

我生於世間的時代，是很久以前了，所以在民間傳承、信仰、習俗中，有許多有關於靈界、靈魂等傳說。

然而，我是以確立學問為目標，換言之，在那些民間傳說、信仰當中，有許多的迷信，所以在確立學問的過程中，需要加以區分才行。

在佛教當中亦存在相同的問題，所以佛教教義中就添加了某種意義上的合理主義。與之前的宗教相比，佛教確實是非常合理、有邏輯的宗教。

此外，蘇格拉底也講述了很多有關於輪迴轉生和關於靈魂的思想。

然而，蘇格拉底所開創的哲學發展到後世以後，這些宗教性的部分被世人遺忘了。換言之，有關宗教性的部分被人們刪除，而蘇格拉底所創造的具邏輯性的辯證法，或透過辯論從而達到真理的方法，則被單純地做為「哲學」保留下來。

總之，「經過辯論，辨明真理」的思想被保留下來了，也就是現今世間的辯論法或修辭學。但蘇格拉底原本所抱持的信仰的部分，都完全被人們忘卻了。

當然，這也並不難理解，據說蘇格拉底本人也「不相信希臘的眾神」，所以才會以違反信仰之罪而被處刑。

雖然蘇格拉底曾說過「沒有那回事，我是相信神的。我是依著德爾菲神殿的旨意而行事的。」但如此的旨意本身，暗示著「沒有人比蘇格拉底還擁有著更高的智慧」，對此，擁有信仰心的人們開始向蘇格拉底進行非難、彈劾。因為他的如此說法，彷彿自己就是全知全能的宙斯。其結果，即是蘇格拉底的哲學和傳統的希臘宗教，徹底地劃清了界限。

的確，做為智慧之神，或許蘇格拉底有其智慧的一面，但在現實當中，他並未能按照他所預期的方向發展。

宗教在推進政治運動上應注意之處

孔子：基本上，我心中亦有著「理想的政治樣貌」。

以幸福科學的方式來說，大川總裁講述了各種各樣的教義。其中，那些對幸福實現黨所講述的教義，以及以該政黨為中心所展開的政治活動，若對人們產生很大的影響的話，那麼幸福科學就會留下政治運動的遺產。這種情況亦並非是不可能的。

假如幸福科學今後培育出來的人才當中，比起優秀的宗教家，反而培養出許多有力的政治家，並且將政治運動變為中心的話，或許日後大川總裁便會成為嶄新政治的宣揚者。

如此情況之下，宗教部門將變成怎樣呢？

譬如，政治部門日漸活躍，變得能夠治理國民，並且不斷地向海外輸出其理念，但無論如何，世間還是存在著宗教的差異，所以在政治上，就必須「認同宗教的差異，並保障信教的自由」。於是，「開展政治運動」和「將名為『幸福科學』的宗教傳至全世界的運動」，將來這兩者之間就會出現矛盾。

換言之，若是政治的原理變主流時，宗教的勢力就有可能變小。若是宗教無法擴張的話，幸福科學就會被人們認為僅是一個政治團體。

反之，若是宗教的勢力不斷增強，此時，做為政治團體的黨為了繼續發展，就必須要採取類似於伊斯蘭教的做法，即「不容許一切其他宗教的存在」，如此一來，就有可能和各位所思考的型態有所出入了。

因此，我認為未來還是個未定數。

B：非常感謝您。

八、孔子轉生的秘密

關於「曾轉生於歐洲」，交由讀者自由想像

B：我想請教最後一個問題。

在《「宇宙之法」入門》（日本幸福科學出版）所收錄的《孔子的靈言》當中，您曾說過：「以前，我曾轉生於中世紀的歐洲，試圖要建立神聖的羅馬帝國。」

請問您到底是試圖建立理想的基督教國家，被稱為「歐洲之父」的卡爾大帝呢？還是神聖羅馬帝國的初代皇帝奧托一世呢？

孔子：哈哈哈！

B：請您教導我們有關於這段過去世的秘密。

孔子：有句話說得好「不明言者為上策」，讓世人認為孔子與基督教沒有

任何關係還是來得好。

那是靈界的秘密。我認為「若是『孔子和基督教有所關聯』，那麼孔子的靈言就會變得沒什麼效果」，所以還是交由各位想像。

請不要再問我了，你是想要我說「我在中世紀的歐洲宣揚過儒教」吧？

「蒙古佔據歐洲時，為何沒有拿下蒙古，將儒教做為蒙古的國教，進而傳遍整個歐洲呢？」這是你想要問我的問題吧？我不怎麼喜歡我自己講出「我曾轉生為基督教的人物」，所以請容我不回答這個問題。

B：失禮了。

根據現在的發展，未來的計畫亦會改變

B：實在很抱歉，我想要再請教一個問題。

在幸福科學的經典《黃金之法》（台灣華滋出版）當中，有寫到：「孔子將於西元二二六〇年左右，轉生於現在的澳洲。」就此預言，您有何……

孔子：我將轉生為袋鼠，準備要成為袋鼠之王（會場大笑）。開個玩笑，或者我將轉生為長著山羊角的人，指導世間的人們！

關於未來，一切都還沒有定論。現在才是重要，根據現在的發展，未來的計畫就會改變，所以還是要努力做好眼前之事比較好。

關於未來的計畫，還將不斷地發生變化。譬如說，如果澳洲是持續現在的狀態，我就不需要轉生了。倘若說我要轉生於該地，那就說明當時的澳洲不是現在的樣子。隨著人口的移動，出現了新的人種的大熔爐，嶄新的國家出現，並且出現百家爭鳴的時代，那我就有可能轉生了。但若澳洲一直持續現狀二、三百年的話，與其讓我轉生，倒不如請「牧羊人耶穌」轉生還比較好。

B：我知道了。

A：感謝您今日賜予的寶貴教義，我們會將此銘記於心，並同心協力繼續精進。

九、對於幸福科學大學的建議

努力將「大川隆法的思想」正確地傳於後世

孔子：總之，幸福科學涵蓋著多樣的教義，因此無法全部理解的人，僅看到某一面就捕風捉影、妄加評論。

要說明多面向的教義，真的是非常困難，但做為中心指導者，我認為必須要盡可能地將教義流傳到後世。既然能夠建立大學，那麼各位就需承擔起「清楚地記錄如此思想，並傳承如此思想至後世」的職責。

在世間的運動，幸福科學會發展為何種形態還難以斷言。然而，在大學，或者說在學問的神聖領域當中，完整地傳達如此思想是非常重要的。

在進行政治運動當中，會與各種事物出現衝突，進而十分有可能會出現變質、變容的情形。因此，在大學當中，各位應從學術的角度鑽研「大川隆法的思想到底為何種思想」，並努力將如此思想正確地傳於後世。

留意切勿偏向於隱藏宗教性的方向

孔子：只不過，有一點須特別注意。

正如方才所說的，若政治變為主流時，宗教就會出現難以動彈的情形，即便是建立了大學，倘若過分地以學術的角度來看待大川隆法先生的思想，恐怕就要面臨和儒教相同的命運了。

換言之，幸福科學亦有可能將重蹈儒教的覆轍，進而出現隱藏宗教性的傾向。也就是說，剔除宗教的部分，只剩下世間的具體論、技術論，或者最多是止於人生論、人生哲學、自我啟發，最後被歸結為一門學問而已。只要是在教育部的指導下，很容易出現這種傾向。

總之，「為了能夠頒發『大學畢業』的認定文憑，就必須要設定與其他大學相似的課程，並向學生們講授相近的內容」等想法，亦勢必會出現。

該如何解決此問題，這雖然也是制度上的問題，但在某種程度上，各位依然能夠以宗教學的形態，將幸福科學的教義全部融入到學問當中。因此，若是認同世俗的人居於上位的話，那麼就會開始隱藏宗教性的部分了。

其結果就是，迷失了創立幸福科學大學、學園的本來意義，朝著隱藏宗教性的方向前進。政治上有可能會出現這種狀況，大學裡面亦有可能會發生相同狀況。

特別是越想要錄取更多一般的學生，就越會不斷地隱藏宗教的部分。譬如說，學校開始說出「否定信仰也無所謂啊！只要學習其中所引導的具體產業論就好了」，或者說「不學習宗教也沒關係，我們的外語傳授很有一套，就來這裡學好外語就好了！」等等，很難說不會有這種情況發生。

當然，為了方便，或許可以建立易於一般學生入學的入口，但畢竟這還是與學校的終極使命有所距離。因此那種學習太多，「六次元腦袋」的人，還是不要位於學校的高層為好。做為大學或學園等的指導者，必須要特別留意才行。

A：非常感謝您。我們會將您的教導銘刻於心，繼續努力。

孔子：好。

大川隆法：（對孔子說）謝謝。

十、回顧此次的靈言

孔子明確區分了中日文明之差異

大川隆法：我想各位都很努力向孔子進行了提問。

如此九次元世界的靈魂，其意識是相當廣泛、遼闊的，因此到底在遂行著何種工作，是很難得知的。

或許可以推斷他對人類的歷史，在各種地方、透過各樣形式而有著關聯，所以要了解其活動的全貌，並非是簡單之事。我認為孔子對許多領域都進行著指導。

做為今後的問題，或許必須要調查「孔子和德川時代有著何種程度的關係」。

此次靈言，有一個值得注意的地方，那即是孔子明確地區分了，以日本神道教為中心的日本文明與中國文明。我感覺此處隱含著某種意圖。

今後，中國在傳播大中華帝國思想之時，或許會主張「日本原本就是中國文化圈的一部分，因此尖閣諸島、琉球，原本就是屬於中國的，實際上日本列島也是中國的。是中國教授了日本漢字、幫日本實現了文明」。但用孔子的話來說，「日本文明是一個獨立、獨自的文明」。

此外，孔子還說：「幸福科學的嶄新思想，有著終結中國帝國主義，促使中國邁向下一個時代的力量。」

如此說法似乎也存在著重點。

對幸福科學走向儒教的警告

大川隆法：接著，孔子還說：「在遂行政治運動與學術運動的過程中，做為宗教的部分可能會逐漸消失掉，因此必須多加留意。」換言之，若是幸福科學宗教的部分逐漸隱藏的話，就可能會變成像儒教一樣，於是幸福科學就將不再是宗教了。

因此，「幸福科學的思想，既有可能會成為建立政治制度、官僚制度等政治體系的工具，亦有可能會像蘇格拉底的哲學一般，做為與宗教分離的學問，被使用於學園和大學之中。」對於如此警告，各位要有所警覺及留意。

當然，努力修行是非常重要的。希望不要讓僅是六次元悟性的人擔任學園的理事長或校長，換言之，要讓努力修行，悟得更高覺悟之人接任高層位子。

倘若只是一味地重視知識層面，最後就會讓六次元悟性的人擔任學園的理事長或校長，漸漸地學校就會僅是注重學問了。

換言之，只注重分數的學校，即便是分數最高的學校，其實也僅是六次元而已。即使在六次元的知識、技術中勝出，成為了第一名，但在宗教世界當中卻並非是最高峰。

宗教中所講述的「愛」、「覺悟」等教義，超越了六次元意義上的知識層面，是無法透過考試進行測試、無法透過分數進行衡量的。「愛的分數化」、「覺悟的分數化」，是難以實現的。

因此，如果在真言宗所創的高野山大學中，可以盡情地講述靈性事物或佛陀的話語，但在幸福科學大學當中，卻得避免講那般話題的話，那就是本末倒置了。所以孔子才會提醒「必須得多加留意」。

這方面我認為不可太過於妥協。

那麼就到此為止吧！謝謝。

第二篇

老莊的本心

第二篇　老莊的本心

前言

即便學會了現代中文，中國也幾乎沒有什麼值得一讀的。因為在一元化國家的意識形態之下，一個受到言論管制的國家裡，只能出版對政府有利的書籍。若以日本明治維新為例，現今中國不是需要「攘夷」，而是「開國」。

日本的知識份子或有素養的人，遠比中國人學到了更多歷史上中國人的智慧。用日語反而能夠讀到更多中國的典籍，因為沒有任何限制。目前中國所流行的老子或莊子思想，僅是相當於日本女子中學的水準。

本篇是用現代語，以「公開靈言」的形式，從天上降下了老莊思想。無論是對於宗教不感興趣的現代日本人，或者是對於中國人來說，都算是令人感到痛快愉悅的一篇文章吧！

幸福科學集團創始人兼總裁　大川隆法

二〇一二年七月十七日

第一章　老子的復活靈言——
復甦於今日的「無爲大道」

二〇一一年三月二十五日靈示
收錄於日本東京幸福科學總合本部

老子（紀元前五八七~紀元前五〇二）生沒年依據《黃金之法》（台灣華滋出版）

中國春秋時代的思想家，本名李耳。亦被稱為「老聃」（「老」是指「長壽之人」，「子」是「老師」的尊稱）。和莊子一同被視為「老莊思想」的始祖，其思想以《老子道德經》遺留後世。八次元如來界最高階段（太陽界）的居民。

〈兩位提問者分別以C、D表示〉

一、為了老莊思想的復活

正在中國悄悄普及的「老子和莊子靈言」大川隆法：關於今天的主題，多年前就曾經提及過了。以前，在幸福科學創立之初所推出的靈言集中，已有《老子的靈言》和《莊子的靈言》等等。（收錄於《大川隆法靈言全集 第十五卷》《同第十六卷》日本宗教法人幸福科學出版）。這是善川三郎名譽顧問在世時，做為提問人而收錄的內容。

聽說最近國際局在網路發表了該內容，很快就在中國流傳開來。如今，在中國孔子的思想已經漸漸復活，老莊的思想亦是如此。確實，若不從這樣的宗教思想的復活為突破口，或許就無法在中國獲得完全的「宗教解禁」。

對於老莊思想，自從收錄了上次的靈言後，已過了四分之一世紀。我覺得如果能讓中國的大眾產生興趣的話，為了「服務」大眾，該是講一些比較現代的內容。

中國人或許並不想聽取西方等外國人的意見，但或許有人會覺得：「若是老子或莊子的意見，聽聽也無妨。」所以我才會想要收錄此次的靈言。

就像印度適合「佛陀再誕」一樣，中國適合「老莊思想」；或許是由於老子和莊子這兩位的思想，構成了道教的核心之故。

所謂的道教就相當於印度的「印度教」或日本的「日本神道」，是札根於民間的「大眾宗教」，一部分甚至成了生活習俗，所以宗教是無法完全禁止的。

道教是中國的宗教思想泉源

大川隆法：老莊是比較接近習俗的宗教。一方面，孔孟（以孔子和孟子為代表的儒教）卻有點做學問的特點，常被用於科舉考試等等，可以說被政治利用的比較多。也即是說，孔孟思想在靈性方面稍微淡薄一些，比較接近於道德層次，與此相比，老莊的思想則更有宗教性。

因此，對於中國的神秘思想、靈界思想和宗教思想，也許能夠在某種意義上說，老莊等道教系統才是「正宗」。

附帶一提，也許有人曾看過道教系的一部電影作品「殭屍先生」。這是一部講述相當於道教僧侶的「道士」與殭屍打仗的電影，故事情節還蠻有趣的。

這部電影中，死人復活成殭屍，穿著黑衣服，戴著帽子，一蹦一蹦地跳著走，啪地一下被貼上黃紙符時，就會突然停止不動。

這種咒符雖只是在紙上寫了咒語，但我覺得如果現實中有這種武器那就有意思了；這部電影屬於道教系統。

可以說道教是非常靈性的宗教，中國的宗教思想起源於此。今天，我想要試著挖掘這類思想，希望能夠活用於現代。

這次的提問者好像都是和中國有關係的人。

（對C說）聽說妳去了中國？

C：是的，前幾天，為了進行網路市場調查，去了中國一趟。

大川隆法：是這樣啊！

老子是非常老的靈魂（笑），所以年輕的女性，到底能夠問到什麼程度呢？或許一下子就敗陣下來？我也無法保證，請儘量努力。

二、間隔許久再降靈言的老子

首先向老子進行招靈

大川隆法：那麼，現在就請中國老莊思想的鼻祖——老子降臨，賜予我們靈言。被公認為道教核心的老子啊！請降臨幸福科學的總合本部，為我們講述靈言吧！

老子之靈，降入我身。老子之靈，降入我身。

老子之靈，降入我身。老子之靈，降入我身。

（約二十五秒的沉默）

老子：哈～。（大口吸氣）

嗯……。哈？

C：是老子先生嗎？

老子：嗯……好久不見了（和上一次降下靈言相隔許久之意）。

C：今天非常感謝您的降臨。

老子：嗯。找我這個老人，是有什麼事嗎？

C：是……。

老子：我剛才睡得正香呢！（會場大笑）吵別人睡午覺的傢伙……。

C：失禮了！

老子：妳是什麼人啊？

C：我們是跟隨大川隆法總裁先生，在幸福科學當中學習，要如何變幸福的人。

老子：不需要想要變得幸福啊！

C：（笑）（會場笑）

老子：就是因為想要變幸福，所以才會變得不幸。不去想要變得幸福，那就是幸福。越是想要變幸福，就會萌發不幸之芽。

所以不要搞錯了，睡午覺才是最舒服的。（會場笑）

人生第一樂事就是睡午覺，每天閒閒著還有飯吃，這不就是最大的幸福嗎？你們沒有搞錯嗎？

對於提問者穿著長靴子感到不可思議

老子：妳為什麼穿著長靴子？（會場笑）怎麼在家裡穿長靴子咧！在門口就要脫掉！

C：（苦笑）失禮了。

老子：聽清楚了？在家裡不能穿長靴子，布襪可以，長靴子不行。

C：是，非常抱歉。

老子：穿襪子還沒關係，妳為什麼穿長靴子？

C：現代日本稱這個是長筒皮靴。

老子：長筒皮靴？我討厭外國製造。

C：對不起。

老子：什麼是長筒皮靴？

C：長筒皮靴就是在冬天或寒冷季節，為了時髦所穿的鞋子。

老子：現在不是很熱嗎？妳太奇怪了

C：（苦笑）是，失禮了。

老子：妳穿這個不是為了要踢飛男人吧？

C：不是。下一次我會注意。

老子：可不要用長筒皮靴踹我喔！（會場笑）

試著向老子解釋「ＩＴ用詞」

C：我現在隸屬於ＩＴ傳道局

老子：什麼？ＩＴ傳道是什麼？

C：就是Internet（網際網路）……

老子：對不起，我聽不懂。

C：現今傳播工具（Tool）非常發達……

老子：什麼是工具（Tool）？我討厭英語。

C：（苦笑）對不起，那我暫且不提網路。

老子：不好！（會場笑）不好！網路是什麼？網路是什麼？

C：網路就是……對不起，讓我再想想。

老子：快告訴我！既然把我叫醒了，就有說明的義務

C：對不起，網路就是指網際網路……

老子：誰能聽懂妳那些話？

C：電腦……

老子：妳這穿著長靴子的人，到底在說什麼啊？網路是指雨傘嗎？是雨傘嗎？

C：不是雨傘。

老子：我在逗妳玩呢！

C：網路就是透過眼所不見的光，瞬間傳遞文字或圖像，就是這樣的東西。

老子：難以置信，那好像是靈界……

C：是一種傳播工具（Tool）。

老子：什麼是工具（Tool）？

C：也就是在傳達感情或交換資訊時所使用的東西。

老子：妳說的好像是日語，但太難懂了。妳腦袋的迴路不是中國的腦袋，妳不能放鬆一點嗎？

三、敲響中國近代化、歐美化的警鐘

「偷懶」才是人生的本質

C：明白了，容我放鬆來向您提問。我前一段時間去中國遊玩……

老子：妳去遊玩啊！

C：是。

老子：「遊」這個字，在中國意義是很深遠的。所謂的「遊」就是精神的自由、幸福之道。

C：是。

老子：所以妳到中國尋找幸福去了？

C：是的，我和幾位中國人進行了短暫對話，有件事讓我感觸非常深。現今中國現代化非常快速，物質變得非常富足，大城市中競爭很激烈，人們都非常熱衷於學習，但也因焦急和焦躁，產生了許多痛苦。而農村地區和大城市相比，貧富差距巨大，很多年輕人找不到工作，因為不知如何開拓未來而感到非常苦惱。

老子：現在的中國人真奇怪。幹嘛在城市裡汲汲於工作？幹嘛想要成功呢？是想要變得和歐美一樣嗎？

C：是啊，現在是重視學歷的社會。

老子：這些人想要變得不幸啊！想要變得不幸的人，現在都住在城市裡。人們說在農村沒有工作很煩惱，但沒有工作，不是件幸福的事嗎？為何要發愁呢？有什麼不好嗎？

C：沒有什麼不好。

老子：在鄉下挖個山洞，住在裡面不就好了？那就可以幸福地生活了。想要住在像上海那種地方，那種模仿美國所建造的地方，就會成為最不幸的人。

現在是競爭的社會吧！我就是為了避免這情形，才一直教導人們「偷懶就是人生的本質」、「這就是通往幸福的大道」，但為什麼中國人突然開始想要模仿歐美？

C：據說現今中國很流行老子的思想。

老子：很流行嗎？

C：是。

老子：根本沒有流行啊！他們搞錯了。

C：很多人開始學習老子思想，以作為心靈的慰藉。

老子：嗯？心靈的慰藉？是拿來安慰自己嗎？

C：是的，我想也有安慰的成分在裡面。

老子：沒有獲得成功的人，拿老子的思想當安慰？

C：或許現今中國缺少這種思想，所以有這樣的需求。

走在偉大的「無為大道」

C：所以我聽說莊子和老子的思想很有人氣。

老子：嗯、嗯。

C：正如您所看到的現今中國人皆在忙忙碌碌，非常需要「心的教義」。我也聽說靈界思想非常有人氣。就老子您來看，若是有能夠讓中國人幸福的「心的教義」或者是「控制（Control）心的方法」，能否請您賜教？

老子：妳說控制（Control）心，我雖然討厭英語，倒也不是說不懂。那是統治、支配的意思吧？這裡（幸福科學）有在教授如何控制己心，所以對此我若過於否定，我這個靈言可能就不會被公開，所以不能過於否定，但其實一想要控制心，痛苦即會產生。

所以最好是「自由解放」！隨意生活就好，他人如何如何完全沒有關係。

「因為他人這樣做，所以自己也必須這樣做。」一旦這麼想，就會產生痛苦，這就是現代疾病的根源，如此壓力會讓人得癌症而死。因此從根本上修正，就是要放棄這些想法，「走自己的路」如此思想非常重要。

別人是別人，我是我，自己走自己的路，走上那「偉大的無為大道」。

知道什麼是「無為」嗎？就是最好什麼都不用做，還能活下去的意思。

洋化的生活會使抱怨堆積如山，故須注意

老子：這下你們傷腦筋了吧！你們現在想要傳授的內容是邪教啊！（會場

笑）中國的警察必須取締你們，若是你們傳授的內容散佈開來，中國人將會變得很早死。這是「敵國的謀略」！如此思想進入了中國，人們就會忙忙碌碌，全都累垮病死。

若是能相信我的思想，就不會有疾病和煩惱，什麼都不用做就能過上幸福的生活，不知不覺地就返回靈界，這不是很好嗎？

就像春天的雲雀，雲雀不知道什麼是花粉症所以很幸福。如果教它什麼是花粉症，雲雀就會變得不幸。

所以不知道的人是幸福的，知道的人是不幸的。最好不要知道無謂的東西，現代人學了太多無謂的東西。

譬如，過去不知道何謂細菌的印度人是幸福的。印度人即便生活在骯髒的環境裡，但不知道什麼是細菌，所以是幸福的。但最近從西洋人那邊學習到細菌是疾病的根源，人們就都開始變得不幸了。

中國人也開始出現這種傾向，歐美和日本的思想傳進來，說什麼不能在農作物灑農藥，對身體有害等等，大家都變得很煩惱。那樣的思想傳了進來，就會導致不幸。

過去的青菜都用大糞施肥，吃了也沒出什麼事，所以用不著害怕細菌。啊！不好意思，說出這樣的話，你們還沒有吃飯吧？（會場笑）肥料是從茅房取來的東西，吃了那些青菜也沒出什麼事。

我的思想有點不妥啊！不夠現代化啊！所以我討厭洋式廁所，我討厭沖水馬桶。

如此類似的思想輸入進來，中國人就越來越不幸，國家的領導人應該盡可能努力在土坑裡上廁所，如此人民一切的不滿，就全都消失了。

一旦過洋化的生活，牢騷就會堆積如山，這得小心。

妳想問什麼來著？

C：是啊！現在……

老子：妳應該沒有煩惱了吧？

C：（笑）

老子：這下沒事可幹了吧！從中國考察回來之後，什麼事也不用幹了吧？

C：現今中國人都在追求外在的物質。

老子：那可不行！

C：如今您教導的「把持心境的方法」與「消除煩惱的方法」非常具有參考價值。

四、找尋「幸福之本」的方法

天國與地獄的差別就像「天氣的變化」

C：接下來想向您請教關於「靈界思想」。
您在過去的靈言（一九八六年一月三十一日收錄《大川隆法靈言全集第十五集》第三章）中，曾明確地教導我們有地獄與天國的存在。

老子：嗯，不過最近我漸漸感覺，天國和地獄沒多大區別。

C：沒什麼不同嗎？

老子：嗯，沒什麼不同，就像天氣的變化一樣。
晴朗炎熱的天氣如果一直持續，大家就會乾渴而死，農作物也會枯死，河水就會乾涸，生物全都死去。
而如果一直下雨，也一樣會死。

如果一直颱風，也是很傷腦筋。
如果一直是陰天，又會有人說日照不足。
所以，只有單一的情形都不行。有雨天、有陰天、有晴天、有颱風天、有無風天，如此世界才會順利運轉。
所以你們（幸福科學）的思想是晴天是天國、雨天是地獄，但如此分別心，會讓人迷惑，所以接受眼前的一切就好。
基本上沒有天國和地獄，不過是天氣的變化而已，明白嗎？
如果能這麼想，妳什麼都不用做了。這就是幸福的秘訣，明白嗎？
地獄可是個好地方，有空去玩玩喔！（會場笑）
日本不是有很多溫泉嗎？「地獄溫泉」是個不錯的地方喲！冒著硫磺煙，遠離世間，也是個解憂的好地方。
大家不是都想去泡那「湯鍋」嗎？人們都想要去那如地獄般的地方放鬆，難道那不是個好地方嗎？

中國人狂買歐美品牌的商品是很羞恥的事

老子：之前日本發生震災（東日本大地震），引起了很大的騷動。

在那之前，銀座到處都是中國人，但震災後，中國人突然間都不來了，銀座門可羅雀，很清爽吧！人口密度低，日本人看起來就又像是客人了。

所以這下子日本可以重拾自尊，因為核能電廠問題，中國人都不來了，這下就不用怕中國人壟斷收購了。中國人不來買東西，因為他們覺得來日本可能受核輻射而死，所以都不來了。真是太好了，這下日本能變幸福了。

所以我大大贊成核電廠的事故（因發生事故，中國人變得不來日本），這下日本是日本人，外國人又都變成外國人了；「回歸本道」這是天的聲音！

中國人來到銀座狂買歐美名牌的商品，這真是恥辱。中國人到皇居參拜，也是件很恥辱的事。中國人待在中國就可以了。

（跟A說）妳這下沒事可幹了吧！如何？啊哈哈哈哈……

C：謝謝，聽了您方才的話，似乎您對現代的日本……

老子：我什麼都知道，就算睡覺著也全部知道。

不工作也能過活，即是「幸福之本」

C：我也感覺您知道很多事，您在靈界從事什麼工作呢？

老子：我不是說我在睡覺嗎？

C：（笑）（會場笑）

老子：妳以為不工作就不能活嗎？那就是錯誤的根源。沒有工作就不能活的人，那是奴隸階級，明白嗎？不工作也能活的人是貴族，明白嗎？

我沒有工作也能活，現在有人想要讓我工作，我必須得小心。幸福科學有拿什麼賄賂了我嗎？我有什麼回報嗎？什麼都沒有吧！我連一根蘿蔔也沒拿到！你們真是薄情，所以我也沒有必要太理會你們。

基本上只要睡午覺就可以了，不用工作也能活，這就是幸福之本。啊！又打岔了。妳已經無話可說了吧？

「歐美貨的售價就該很高」，無法容許如此價值觀

老子：妳脖子上掛的一堆是什麼？是日本產的嗎？是珍珠嗎？

C：我想是日本產的。

老子：是仿造的還是真的？

C：我想是仿的。

老子：關於真品和贗品，不過只是稍微不同而已，但是有人覺得很不一樣，花大錢買的人是傻瓜。

長怎樣都無所謂，沒有真品也沒有贗品。總之，看起來像珍珠的東西就都是珍珠，別人看像珍珠，那就是珍珠，不像珍珠，那就不是珍珠，所以努力去區別真品和贗品就很傻。

所以我覺得中國人很了不起，中國人做了很多仿造歐美名牌的商品到處販賣，以十分之一的便宜價格賣，真是聰明的民族。（會場笑）不能忘記這種精神。

為什麼在歐洲製造的售價就訂很高？豈有此理，沒有那種事。只要能作出相似的東西，價格就是應該是一樣的。原本就應該是一樣的，現以十分之一的價格便宜賣，這不就是為人類幸福做了貢獻？這正是實現了共產主義、烏托邦！

（對A說）這下妳傷腦筋了吧！哈哈哈哈哈！

我可沒拿任何報酬，偶爾讓我講這類話也無妨吧！反正妳提問完了就會忘了。

C：沒有那回事，待書籍出版後，我會認真學習。

老子：會對我進行感謝的祈禱嗎？

C：會。

老子：是嗎？只有今晚吧？謝謝！（會場笑）哈哈哈！沒有差，反正我在睡覺，什麼都聽不見。

老子乘雲悠遊於世界？

C：老子您主要是在護祐中國人嗎？

老子：對我來說中國不存在，什麼都不存在。我就在雲上面睡覺，雲在世界各地到處飄，我在世界的上空移動。

C：您是全球性的（Global）……

老子：什麼全球不全球的，不要說那種鄉下英語。

C：對不起。

老子：雲沒有國境，就只是在地球上空飄。但我不像孫悟空那樣匆匆忙忙地飛，就只是等著雲自己移動，在雲上面偶爾眺望底下，心想許多地方都在做無聊的事，人們像螞蟻一樣在工作。對我來說，睡午覺才是最幸福的，明白嗎？

C：是。

老子：我在用現代的方式，講述老子的思想。明白嗎？

C：是。

老子：不過這種思想很難收到學費。嗯，哈哈哈哈哈！

刻意地表現自己是大國，這是無謂的努力

C：現今中國與世界之間的貿易往來非常頻繁，與世界各國的聯繫也增加了，中國在這方面，今後該如何與世界交流呢？

老子：所以我就說沒有必要交流，那都是多餘的事。現在中國想要擴大貿易額，擴大了給人看，拼命顯示出自己是大國的樣子，但那就是錯誤的根源，不幸就是因此開始。

如果模仿外國就會開始競爭，於是中國人就會變得不幸。

中國人作中國人就好了。只要增加人口，就算是大國了。中國就是中國，無須勉強進行貿易。

最近中國人學太多英語了，學習英語後到美國等地留學，回國之後就把美國當做假想敵競爭。也有人到了日本學習，之後又說日本的壞話。人們盡做些怪事，一開始就沒有必要留學，不需要留學，過好自己生活就好了。

沒有必要增加貿易額，完全是無用的努力。一旦開始忽喜忽憂，漸漸地思想就會被汙染。

知道太多反而會產生不幸

老子：這下妳可傷腦筋了吧！妳所說的全都被我反駁了。

C：（笑）

老子：妳也可以反駁我啊！

C：是啊，但還有另一個提問者……

老子：我一點都不想工作，我倒想問問，要怎樣才會想要工作？

C：是……對不起，還有一個提問者……

老子：這樣嗎？真是麻煩啊！你們還需要控制時間啊？

C：是啊，容下一個提問者提問。

老子：我是活於永恆的時間裡。

你們太可憐了，妳一定是聽到「換一個提問者吧！」

C：今天真的非常感謝您……

老子：妳真是活在很可憐的世界，能夠把時間忘記是件幸福的事。

嗯，太可憐了，真的是太可憐了！

妳一大早出勤，加班到晚上？

C：是。

老子：回到家就只有睡覺？

C：是。

老子：（苦笑）今天非常感謝您……

老子：真是不需那麼做啊！春天時在河裡洗洗衣服就很幸福了。

不知道什麼是核輻射就不會有不幸，一想到水被污染了，那就是不幸的開始，不知道就不會在意。

以後生病快要死了，心想要回到來世就好，這就是「幸福之本」。

不要知道那麼多反倒比較好，知道太多就會衍生不幸。嗯，對此要小心。

C：是，我會將您所傳授的內容刻劃於己心。

老子：不，根本沒有「心」啊！

C：啊，對對對。（會場笑）

老子：沒有什麼「心」，就是認為有「心」，才會出現迷惑，沒有心的存在，自由自在就好。

C：我知道了，非常感謝您！請容下一位提問者提問。

老子：嗯。話說回來，妳是誰來著？

C：對不起，我是網路傳道局的……

老子：網路傳道局？不懂，算了算了。

C：我叫○○。

老子：真不曉得是在講什麼？妳是說「局」？妳每天都要盛裝打扮嗎？

C：（苦笑）局就是某個部門的意思。

老子：是部門的意思啊？

C：是一個部門的意思。

老子：是這樣啊。

C：非常感謝您！

五、老莊的理想國家之路

馬克思曾努力將不幸擴展開來？

老子：我看下一個人會提高警覺，不過就算欺負我也沒用。妳是幹什麼的？

D：此次非常感謝老子降臨到幸福科學總合本部。

老子：「降臨」？我不喜歡這種措辭，我不適合用「降臨」這個詞。

D：打擾您睡午覺，真是對不起。

老子：你們現在把我吵起來，只想道歉了事嗎？

D：我是幸福科學國際局的〇〇。

老子：國際局？嗯～。

D：今天有幾點問題想請教您。

老子：妳的腦袋真是厲害，腦袋裡有很多齒輪在轉，和常人不一樣。

妳是半機器人吧？（會場笑）妳真的是人？

D：（笑）

老子：妳和平常人不一樣啊！齒輪一直像這樣轉啊！（雙手食指在胸前畫圈）

D：為了在中國創造出和您一樣心胸寬裕的人們，我們展開了各種的活動。方才您說到，因為想要幸福，所以才會種下不幸的種子。

老子：對啊！那問題已經解決了。

D：有一點，我想要向您請教；現今中國在共產主義的一黨獨裁體制下統治，但據說共產主義原本也是為了追求幸福而建立的體制。

老子：不，沒有那回事吧？馬克斯是個不幸的人，那樣的人是不可能想要讓他人幸福的。他是不幸福的人，所以只想擴大不幸。

D：在那種共產主義體制中，要如何建設現代佛國土呢？

老子：為什麼要建設佛國土呢？也可建設老子國啊！老國土啊！為何要建

立佛國土呢？

D：是啊……。

老子：頭痛了吧？我真是壞心啊！

老子也有老奸巨猾的一面啊！「老奸巨猾」一詞一定是起源於我。

（會場笑）

停止與歐美競爭，追尋邁向天國之道

D：現今中國是一個競爭社會，貿易來往頻繁，但中國是以發展大中華帝國為目標。人們雖想要學習「發展」的教義，但卻常常忘記「愛」與「反省」。

老子：不，沒有那回事吧！男女相遇不是也會相愛？

D：好比說對他人的體諒之心，與古代相比，現在就變得比較薄弱。

老子：沒那回事！古代更是殘忍啊！古代會吃人，現代就不會吃。現在中國人就只會吃蛇和青蛙。

D：是。

老子：或者是吃雞、牛、豬，但現在就是不會吃人。

D：是。

老子：如果是在過去，妳看起來就很好吃！以前經常糧食不足，像妳一樣的旅人，若是在旅行中向人借宿，對方就會說「小姐請進」。到了晚上就拿刀切妳，那夠吃一個禮拜了。女性的肉很像豬肉，很好吃……我很惹人討厭嗎？（會場笑）

D：不會（笑）。

老子：中國過去會吃人，現在不會吃了，所以中國人現在是和平的國民。

D：如果您現在成為中國的領導者，會傳遞給中國人什麼教義呢？

老子：那太簡單了，我會說「不要努力了」。不要想和歐美相比，不要想跟美國競爭，不要想超越歐洲、戰勝日本，放棄那種想法。

自然地依道而行就好。什麼是道？就是前往天國之道。反正早晚都得死，那麼在死之前，就要盡可能地舒服生活。那種舒適，不是歐洲文明的那種舒適，而是要與自然共生，這非常重要。做為娛樂，可以偶爾使用神仙術。可以請那些進行仙人修行的人，像魔術一樣展示各種秘儀，可以把那當做娛樂，除此之外就是平凡地生活。

那些什麼大國主義，庶民可沒想那麼多。上層或許在想那些問題，但想要和他國競爭，會讓人很疲勞的。

不需要網路，在井邊聊天就夠了

老子：這樣可以嗎？妳是想要問什麼？

D：我認為站在指導者立場的人，應該要從各種方面謀求國民的喜悅與幸福，但現今中國國民處於非常苦的狀態。

老子：是嗎？

D：是的，他們沒有言論自由。

老子：那不是很好嗎？人就是會講話，才產生痛苦的，不說話就可以了。為何需要有言論的自由？

D：但另一方面作為人……

老子：我問妳話，妳要回答啊！回答啊！回答啊！回答啊！

D：啊！是……

老子：為何一定得講話不可呢？一旦能自由講話，中國人就會很吵。妳知道嗎？如果讓他們能自由表達意見，每天就都會是不平不滿。夫妻吵架可厲害了，大聲來大聲去地，沒有言論自由還比較好（會場笑）。閉嘴不說話，世間就和平了。

妳很頭痛吧！（會場笑）

D：是（笑）。

老子：這樣啊！我想法是很另類的。睡到一半被叫醒，脾氣就會不太好。過一會兒就清醒了。

D：非常抱歉。

老子：等我清醒了，就會多講些好話。

D：謝謝。現在中國人在網路上，發表著許多自己心中的想法。

老子：所以我剛才也說了，中國人就不應該使用什麼網路，在井邊洗衣服時聊一聊就夠了！想要擴展人際關係的人，就等同把命賣給地獄，那只會讓人受苦，所以在河邊聊一聊就好了。中國人使用網路（Net）那種東西？反正網路我不是很清楚啦！我又不是在上英語課！不就是那個嗎？網路就是網子，就像蜘蛛絲覆蓋了全世界，不就是那種東西嗎？被蜘蛛絲困住了，那還得了啊？那種人們的嘟囔，沒人會想聽啦！最好不要讓那種東西流行起來。最多在井邊洗衣時聊一聊就夠了，住在山裡面那更好，一人住在山裡最幸福。

吵得讓人心煩的人，最好離遠一點。竟然有人想要聽人嘟囔，真是饒了我吧！還有人每天看那東西？真是太閒了吧！（會場笑）

不過這也算符合「老莊思想」？「不要工作」？和這些人聊天，真的是浪費時間。不過，浪費時間也算是幸福嗎？是嗎？

不需要國民考慮政治的國家，即是佛國土烏托邦

D：關於無為自然的教義，能否請您以中國人能理解的方式說明？

老子：那個什麼網路，什麼推特（Twitter），我不太清楚，但如果有人想

利用那些東西，聚集民眾的聲音來進行反政府運動，那就會惹出大麻煩。

所以最好是沒有政治，雖然政治是存在的，但忘記政治的存在是最好的，那才是最大的幸福。

如果老是在意政府的存在，這就會讓肩膀極度痠痛，那就必須每天都得按摩。

所以我反對民主主義，為什麼國民必須監視政治家的一言一行？不應該建立那麼辛苦的國家，所以民主主義是很累人的。

不用管那些是最好的，讓國民自由生活，困難的時候，國家來幫助一下就好了。不需要政治掌管的國家，是最好的國家。

你們所說的佛國土烏托邦，就是國民最好都不需要考慮到政治。

所以不能被思想毒害了，人們明明不是政治家，卻想要讓人們做政治家的工作。這是強制勞動，強制人們勞動不好。

如果馬克斯說：「萬國的勞動者，要更努力勞動！」那麼馬克斯肯定會受到詛咒（注：在馬克斯的「共產黨宣言」中，曾提到「萬國的勞動者，要團結起來」。）所以不要去想政治應該要怎麼樣做，我比較喜歡徹底地回歸個人主義，個人能夠滿足就好了。

如果聽太多他人的生活，就會產生嫉妒，所以還是不知道的好。

我認為中國沒有想要建立共產主義社會、共產社會，因為中國原本就是共產社會。每個人原本都很貧窮，所以大家都是共產主義，不是後來才產生歐美所說的共產主義，中國只是說「農民全部平等」。

但那也是理所應該的，既然被大自然左右，既會富裕，也會貧窮。分配也是大家平均分配，不過就是如此而已。那不是共產主義社會，而是農業社會罷了。

所以如果城市發展成工業社會或商業社會，共產主義就不成立了。

你們或許想要去破壞共產主義，但如果工商業發達了，共產主義肯定是會崩潰的。

不過，屆時你們所說的天國和地獄的差距就會擴大。當自己出現很大的落差，就會覺得是地獄，會出現很多人羨慕處於高處的人，於是地獄就會出現。

與其這樣，還不如大家過同樣的生活，不需要羨慕，那樣不是很好嗎？如果努力的結果，出現了很多地獄，那麼就沒有意義了。

中國在第二次世界大戰中敗給日本，進而不滿

老子：所以說中國人太過於努力，需要放輕鬆一些。

日本人也不好，明明是亞洲人，卻像德國人一樣過於勤勞，這種行為很刺激中國人，讓中國人很不服氣。

過去日清戰爭中，中國敗給日本。第二次世界大戰，中國雖然是戰勝國，但實際上沒有戰勝，中國受盡欺凌，日本軍到處橫行，中國

還沒來得及反擊，戰爭就結束了。日本擅自在中國橫行霸道，原子彈一落下來又擅自投降了，雖說中國是勝利了，但完全沒有勝利的感覺。所以他們會想在某處體會勝利的感覺，於是就在日本銀座狂買東西，或者是開漁船碰撞自衛隊，就是這種感覺，了解嗎？

D：是。

老子：這就是所謂的欲求不滿。

努力讓中國人抱持「愛國心」的中國政府

D：還有一個問題，是關於中國人的愛國心。

老子：嗯。

D：現今中國人在錯誤的歷史教育下，愛國心不斷增強。但我擔心這樣的愛國心，會不斷地朝向著錯誤的方向前進。

老子：不，那所謂的「錯誤」，基本上是歐美的思維方式。

D：那麼關於愛國心，能否請您賜教呢？

老子：中國人本來就沒有什麼愛國心。

現在雖然是形成一個中國，但原本中國是分成很多小國，只顧打仗，哪來的愛國心？國與國之間一下合併、一下分開，一下子又被他國佔領。

清朝也是從滿州來的，在元朝也是被蒙古人佔領的國家。也曾被新疆侵略，被蒙古、日本侵略過，中國的歷史就是不斷被侵略。

國家一會兒建立，一會兒離析，時常合縱連橫。秦始皇好不容易統一國家，不久又開始戰亂。

你們很喜歡看《三國志》、《項羽和劉邦》，但我不認為統一國家有多大的價值。國土遼闊，或許需要劃分行政區，但中國人原本就沒有所謂的愛國心。

如果稅賦增加了，人們就去別的國家，換言之就是好比是從楚國到魯國。打仗打輸就逃亡，如此而已。

或許現在這些「地方」，在你們看來不是國家，但過去中國曾經被這些曾是「國家」的地方侵略。

譬如，現在內蒙古自治區很不滿於自己被佔領了，但在元朝的時代，蒙古也曾佔領過中國。中國也被滿族佔領過，匈奴那些西方的野蠻人很強大，經常進攻而來。

所以這種事情很常見，過去被佔領過，現在稍微佔領一下有什麼關係，就只有歐美國家會對此大驚小怪。看看中國的歷史，那是常有的事，過個五百年左右，問題大都就解決了。

所以中國人沒什麼愛國心，就是因為沒有愛國心，所以政府才想要努力培養。

中國很怕日本認真起來

老子：日本是島國，天生就會有愛國心，大家容易團結在一起。就像過去中國當中的一個小國一樣，人們很容易團結。

如今這個小國，開始和中國競爭GDP，難怪中國會感到恐怖啊！要是日本又強盛起來，再次攻打過來就不得了了，中國過去沒把這個倭國放在眼裡，但如今卻變這麼強。

過去可不是這樣的，日本過去很弱。若是日本真的認真起來，有可能打不贏，所以有點恐怖。現在中國想要盡量壓制日本，並且提升自己的力量。

總之各種各樣的時代都有，順應各時代過活就行了。或許你們很討厭中國政府團結一致，堅如磐石。但是如果分裂了，就會大量出現內戰，中國人開始互相殺戮，那也是不願見到的事吧！

不過那也是必須順其自然，雖然會感覺有點遺憾。

現在的中國要比伊斯蘭教國還要來得好

D：想要再請教您，綜觀至今的中國歷史，宗教從不曾立於政治之上。雖然有些指導方法，是採取了宗教的見解。在這層意義上，現今再誕的佛陀——主愛爾康大靈降臨日本，為了將佛法真理從日本傳遞給世界的人們，幸福科學正努力向海外傳道，能否請您賜教，哪一些地區擴展的可能性比較高呢？

老子：你們真是多管閒事啊！為什麼宗教必須立於政治之上？不位於政治之上也可以啊！宗教講的是靈界的事情，是在講天邊的事情吧！而政治是地上的事情吧！原本宗教就是在上面的，這不就好了嗎？為何一定要強調宗教必須要得在政治之上呢？你們想要變成伊斯蘭教國家嗎？那就是宗教在壓抑政治，政治無法自由發揮。搞不清楚方向的宗教家掌管政治，最後只能是變得很辛苦。所以比起伊斯蘭教國家來，現在的中國不是很好嗎？我認為不被宗教箝制也沒有什麼關係。

D：是，謝謝您。

六、老子的轉生與「無為自然」的精髓

不知道自己的過去世是幸福的

老子：對不起啊！講得你們的努力好像都沒意義了。

D：有很多中國人贊同您的教義，您在中國很有人氣。

老子：那是當然的，人們總是喜歡不會叫學生努力用功的老師。（會場笑）如果校長說：「不用學習！盡情玩吧！」那他一定是好校長！只有父母會生氣，小孩子是不會生氣的。

D：今後我想將此次老子的教導，告訴更多的中國人。在中國人當中，還有很多人不相信轉生輪迴。此次「老子的復活」的事實，要如何告訴他們才好呢？

老子：嗯，不知道才是幸福啊！若是知道了過去世，就會變不幸啊！如果

有人知道了自己過去是國王，現在卻是工人，就會感到不幸。原本已經很不幸了，又知道自己過去是國王，那會更感到不幸。

再好比如果知道了某人前世曾墜入到地獄，那就一定會對此人產生偏見，所以不用知道也沒關係啊！把現在過好就好了，靈界的事情，死了就會明白了。

啊～真對不起啊！與你們的教義很有出入。

不過我之前也曾降下靈言，也算是對書籍銷量有做過貢獻。

我的思想屬於破壞的思想，對不起啊！這也算是對現代文明的警戒。

表面看似沒有信仰的日本人，私底下進行著祈禱

D：二十年前您以靈言集的方式傳授了您的想法，很多人拜讀了之後深表贊同，您的支持者也在不斷增加。

老子：嗯。

D：特別是中國人對您的靈言中，「純白的西裝」的比喻很感興趣。

（注：該比喻指的是「本來靈魂就像是穿上了純白的西裝，但在世間很容易染上「煩惱」，在那「煩惱」的汙垢變得難以清洗之前，得趕緊清洗才行」。）

老子：嗯～～。

D：關於這個教義，能否請您再講得詳細點。

老子：純白的西裝啊？那個比喻不是挺好，應該要用更好的比喻。比如純白的婚紗，新娘的白婚紗，嗯，這個比較好。當時我拿來解釋反省的教義？

D：是的，有人說這樣的內容是第一次聽說，也有人說學習到了靈性的觀點，那個例子讓人非常容易理解。對惡靈與天使的存在，也有了進一步的認識，對此還請您詳細地指導我們。

老子：若我能代表十三億中國人的意見，我想中國人是打從心底，不想要被日本人指導的。中國的人口既是日本的十倍，領土也有二十幾倍，歷史也遠比日本長久，應該是日本人向中國學習才對，要中國人向日本學習，那真是太丟臉了。

所以，而我現在則是被利用了，被日本人利用了。因為我是在日本復活，所以中國人就必須向日本學習。

所以我要告訴諸位中國人，我可是在背後收了許多賄賂，因為你們不賄賂我，所以我沒在中國復活，而是在日本復活。

而日本人的賄賂是什麼呢？日本是這樣一個小國，卻如此繁榮，那是為什麼呢？日本人在表面上雖說是沒信仰、不相信宗教，但那都是在撒謊。暗地裡可是拼命拜神，所以才能得到那麼多的好處，才能夠這麼發展，才能發揮了十倍的力量。

所以老子也被收買了，才降靈於日本。關於信仰的好處，不管中國政府怎麼說，反正回到家裡，在家裡拜神最重要。拜神、拜佛就會有意想不到的好處。雖然中國是無神論、唯物論，但還不至於否定利益，也還好沒有否定利益。

在現代當中最有利益的宗教，似乎就屬「幸福科學」。所以不信仰幸福科學也可以，相信幸福科學的利益就好了，總之學習幸福科學就有利益了。

我都講成這樣了，該對你們有交代了吧！

最近曾轉生為「德國的文豪」

D：謝謝。最後，為了讓中國人相信轉生輪迴，作為實際證明的例子，您能告訴我們您曾轉生為誰嗎？

老子：老子我可不想轉生啊！如果可以的話，我可真不想轉生啊！因為轉生之後就是苦差事了，我可不想幹這種事啊！好不容易變成了大人，為什麼還要再轉生成嬰兒呢？最終只是辛苦，所以最好都不要轉生。

忙著轉生的人，都是忙碌的性格，肯定是前世留下了太多悔恨，像我這樣已經「圓滿完成」的人，就沒有更進一步的境界了，所以根本沒必要轉生。

不過用你們說法來說，我的靈魂兄弟姊妹或許曾轉生過世間。

但就像剛才講的，越是轉生於近現代，就越是忙碌，必須接受嚴酷的考驗，那簡直會讓人發瘋，所以不要轉生是最好。

如果不得已必須得轉生，就會變成像是互相競爭的動物一樣，跑得快的人就能繼續活命。

不過我感覺好像我最近曾轉生到某個地方，好像是在哪個地方寫過小說。

那是我嗎？又好像不是？又好像是？總之我好像寫了「時間啊！停

止吧！」之類的內容。

為了寫那小說花了幾十年，真是做了傻事啊！若是真想讓時間停止，還是不要寫那東西是最好。總之，我好像寫了那東西。有點學識的人就會知道，我曾經是「歌德」這個人，我好像寫了什麼《浮士德》之類的，總之那好像與我有關係。「時間啊，停止吧！你是如此美麗！」（參照《浮士德》第二部第五幕）那就是「無為自然」的思想。

時間如果前進，人就必須工作，所以時間最好停止不動。所以地球最好能停止轉動，若地球停止了轉動，會變成什麼樣子呢？各位都認為地球轉動是正常的，但如果停止轉動會變成怎樣呢？若停止轉動，會變如何呢？這真有趣！新幹線列車會不會往後退啊？應該來實驗一次看看。

一天二十四小時都這麼轉動，如果停止了會怎麼樣呢？會發生很多地震嗎？

真想要試驗看看，我被當成神明來祭拜，或許有資格讓地球停止轉動吧！

明明地球在轉動，但人卻沒感覺到地球在動。人們認為自己忙碌地工作是應該的，但若是地球不轉動了，會出現怎樣的世界呢？或許你們可以把這當作公案，試著思索看看。

若是把時間停止，世界會變得更美麗

老子：話說回來，今天是幹什麼？ＩＴ局？ＩＴ結婚局？

Ｄ：是「ＩＴ傳道局」。

老子：不是結婚局啊？

Ｄ：是傳道局。

老子：啊～傳道局。

今天主管去研修不在？

D：是。

老子：告訴他不要回來了，叫他一直研修就好了。（會場笑）跟他說：「就算你不會來，世界照樣會轉動，完全不需要你，你就永遠持續研修就好了。等你對研修厭倦了再去接你回來，不過那個時候，你就變成普通職員了。」

這世間不必要的人實在是太多了，對此要多加小心。

地球不需要轉動，為何要轉動呢？如果地球一直轉動，為何還需要發電呢？既然地球一直轉動，就應該自己產生電力啊！為何老是轉個不停呢？真是奇怪！

妳不覺得奇怪嗎？如果有神在，真希望神能讓地球停止。真是安靜不下來，為何要一直轉個不停？

這就是人生的悲劇，也是你們的悲劇，一直轉動著，心是很難靜下來的。

所以說要一直轉，嗯？不對不對，我在講什麼啊！要停止轉動，這才重要。

就是因為地球一直轉動，所以才會產生時間。所以要停止那時間，如此一來，世界才會變得美麗。

這就是現代的「老子的靈言」。

（對D說）看妳一副可憐的臉，我看妳很傷腦筋吧！妳希望我向中國說，希望他們多向日本學習？

「日本的技術很發達，日本有著比中國人製造贋品還要更厲害的技術。怎麼樣？要不要來學學啊？『中國人製造的仿珍珠』和『日本人製造的仿珍珠』兩者就是不同！只要有了這般高超的技術，就能變幸福喔！」我就講這樣，差不多吧！

因為日本發生了大地震，現在中國好像要停建核電廠（靈言收錄當時），不過中國人本來沒有電也能生活，所以還是回到穴居時代比較好。

我這麼一說，你們就更是無法傳道？（會場笑）這下麻煩了。

巡禮四國，讓心思漫遊於靈界的景色

D：能否請您告訴我們以及中國人，如何才能像老子一樣，經常維持著無為自然「平靜心」的秘訣？

老子：總之就像剛才說的，地球一直在轉動，但現代人對於地球的轉動，視作為理所當然的事，應該偶而停下腳步思考一下，如果地球停止轉動會怎樣？

你們（幸福科學）這裡不是說「要加速新幹線，又要推廣磁浮列車，最後又想要飛到宇宙」，你們真是「忙碌的宗教」啊！想要越來越快，這麼急，是想要去哪裡啊？

像鄉下的支線鐵路，一兩節車廂不就很好了嗎？現在春天的季節剛剛好，就算不搭電車也可以。

大川隆法總裁轉生於日本的意義是什麼？那答案太簡單了。大家都戴著斗笠，到四國朝聖巡禮就好了啊！一邊欣賞油菜花盛開，一邊說：「好像靈界的景色啊！」一邊漫步，這就是幸福啊！

看來我還是反近代主義者啊！

妳們兩個太可憐了，好像沒問到什麼重點，等下會不會被罵啊？等下會不會被罵說「提問者的水準太低」？

讓過度工作的愛爾康大靈休息，就是老子的工作

D：（笑）非常不好意思，最後能否告訴我們您與主愛爾康大靈的關係？

老子：關係？沒什麼特別關係啊！（會場笑）

不過如今現在降靈下來了，也可以說有點關係。祂的存在，知道是知道，但我倒沒有什麼特別的意識到。是不是我整天在雲上面睡

覺，祂不怎麼想搭理我？

愛爾康大靈忙的不得了，到處在活動忙碌著；而我的工作，就是在雲上面睡午覺，應該說那是我的興趣。

我的工作就是讓人休息，為了不讓愛爾康大靈過於疲勞，讓祂休息就是我的工作，我的工作就是扮演安眠藥，或者是鴉片的角色。

換言之，帶給現代人寬裕、讓人們休息就是我的工作。

愛爾康大靈有點工作過度，如果沒有我，有可能就會累垮。為了不讓愛爾康大靈過勞，我的工作就是踩煞車。

所以偶爾想起老莊思想，對勞動過度進行反省，恢復健康及平靜的心境，這個是很重要的事。

就算拼命努力，如果發生像這次的大地震，海嘯一來什麼都結束了，所以放鬆過活最好。

我與愛爾康大靈之間，不能說是沒有關係，就這層意義上，可以算是互相安慰的關係，就像「夫妻」一樣。（會場笑）丈夫工作、妻子睡午覺，這就是愛爾康大靈與老子之間的關係。

D：感謝您今天回答了這麼多的問題，我會將您的教導做為今後的指針繼續努力。

老子：嗯。或許這教導根本沒辦法用啊！不過要是真的傳播開來，或許中國人就會真的相信幸福科學喔！

D：是的。

老子：這個「不用工作也可以」的教導不是很好嗎？或許有人會問，那沒錢該怎麼辦？這可傷腦筋了！不過我剛剛不是說，回到穴居時代就好了嗎？根本不需要錢啊！

D：聽到了您的教導，非常能夠讓心情恢復平靜。

老子：沒錯吧！妳的腦袋裡怎麼有五個齒輪在轉？妳實在是太可憐了，得趕快變回人類才好啊！不能把齒輪放在腦子裡！

D：是。

老子：妳是不是被外星人改造了？腦袋裡被裝了很多東西啊？（雙手在頭的左右繞圈）要小心一點啊！

D：是，非常榮幸您能賜予如此機會，今天非常感謝您！

老子：以上就是老子的靈言，辛苦了！

七、對中國說「不要努力」亦是和平之路

大川隆法：老子是個「會吃人」的人啊！

或許中國原本就是這種感覺，最近中國有點不對勁，太過於努力了。

如果和中國說「不要努力」，日本就不用防備中國了。原來如此！原來是這麼一回事！如果說「不要努力、回到原點」，或許就什麼事都沒了。如果中國是以歐美為目標，就會產生許多紛爭，所以才會要中國人回到原點。的確是「和平的教義」啊！原來還有這種思考！

不過很遺憾，想要工作卻被說「不要工作」，真是可憐。

不過老子就是這樣的人，這也是一種思想的極致，這樣的想法有時也不錯。

應該老子還有其他的一面，但今天是以如此形式，表現了他的基本想法。

不曉得中國人聽了這個內容，會有什麼反應？或許會以為幸福科學是「中國的思想」？（笑）

今天還會收錄「莊子的靈言」，莊子或許最近變「勤勉」了，或許和過去是不一樣的。

那麼老子的靈言就到這裡吧！

第二章　莊子的本心靈言——論中國的現狀與未來

二〇一一年三月二十五日靈示
收錄於日本東京幸福科學總合本部

莊子（紀元前三六七年～紀元前二七九年）生歿年依據《黃金之法》

中國戰國時代的思想家，「老莊思想」的始祖之一。本名莊周，過去曾生為古希臘的英雄海爾梅斯之子厄洛斯（Eros），亦曾轉生為西行法師、近代哲學之祖笛卡兒、作家卡夫卡。現在其靈魂兄弟當中的一人，轉生為大川隆法的長男大川宏洋；是八次元如來界最高階段（太陽界）的居民。

提問者

大川宏洋（幸福科學理事 兼 總裁室長）

職稱為收錄之時的職位

〈其他提問者以E表示〉

一、正在天上界從事怎樣的工作？

繼老子之後，開始招喚莊子

大川隆法：那麼，接下來進行「老莊思想」的另一位始祖——莊子的招靈。

從年代來說，莊子大概是晚老子兩、三百年左右的後輩。莊子對儒教進行了相當多的批判，所以應該是晚於孔子的人。老子是「孔子同一時代的人，或者是稍微早一點的前輩」，而莊子是比孔子要晚的人，估計是西元前三世紀左右的人。

老子著述的《老子道德經》有五千多字，但莊子卻留下了龐大的著作，所以兩人或許多少有些不同。

今天，與莊子有關係的人（莊子的靈魂兄弟大川宏洋），在稍後以提問者的身分出現，到底能夠談到什麼程度呢？由於這次的標題是「本心靈言」，所以可能會有一些難度，但我想即使對於現代的事情，也會給予某種程度的解答吧！

那麼，我試著開始招靈。

（合掌，瞑目）

繼老子之後，現在要開始收錄莊子的靈言。

莊子之靈啊！由衷地希望您能降臨幸福科學的總合本部，向我們講述你的本心。

（約十五秒鐘的沉默）

莊子：老子的人生真是過得很不錯啊！我沒有那麼多閒暇，真是太羨慕他了！沒有工作的人，真是太幸福了！

我現在實在是太忙了，得想點辦法才行。雖然你們說「老莊」，但希望你們把老子思想和莊子思想分開來看。（全場笑）我現在已經進入了「勤勉的世界」。所以，希望不要混為一談啊！

E：今天，在百忙之中……。

莊子：我的確是很忙！

E：是（笑）。

莊子：我這邊忙得不得了，你們還把我拉出來，真是傷腦筋啊！

E：百忙之中，承蒙您降臨於此，實在是非常感謝！

莊子：嗯。

E：我是IT傳道局的〇〇。請多多指教！

莊子：嗯嗯。

現在正忙著擔任幸福科學指導靈的工作

E：請允許我直率地問一下，看了現代中國的情況，你有什麼樣的感想？

此外，我知道您非常忙，但您在天上界正從事什麼樣的工作呢？首先我想問這兩個問題。

莊子：我現在與幸福科學的關係相當深，幸福科學的工作我全都在看著。所以，我沒有空像老子那樣，趴在雲上睡午覺。雖說也不是沒有從上往下俯瞰的感覺，但現在的我正到處視察著。

所以，我現在正不斷地學習勤勉的美德。

我原本也有與老子相像的地方，但我現在非常地忙。

不過，「如有可能的話，還是想省點氣力」，這一點還是和老子有點相像。我還是不希望耗損無謂的氣力，不希望太過忙碌。

所以，我希望在幸福科學所進行的工作中，早點發現浪費氣力的地方，進而讓工作能快速、順暢地進行，並輕鬆地達成目的。

尤其是最近，（大川宏洋）晚上睡得不好，好像是煩惱增加了。雖然老子好像沒有煩惱，那是因為「沒有工作的人就沒有煩惱」，有工作的人就有煩惱啊！「有煩惱」雖然不好，但我相信當煩惱解決時，就會得到某種形式的回報。

人們說：「佛陀也是一位隱者，老子與佛陀相像。」過去也曾有騙人的傳說：「釋迦從印度跨過山脈來到中國，變成了老子。」但我覺得老子和釋迦兩人根本不像。我認為還不如說，釋迦與莊子有相像之處。

你想問什麼來著？

E：我是問您在天上界從事什麼樣的工作？

莊子：天上界的工作？現在正忙著擔任幸福科學指導靈的工作。雖說我是在天上，但我現在幾乎都是在做那個工作。巡查你們是否認真地在工作，這便是我的工作。從剛才開始，我就在拼命地檢查，四處檢視。所以，我現在的工作就是「巡查幸福科學」，忙得不得了。

E：謝謝！

二、對現在的中國有何感想？

獎勵掙錢，其結果會導致現今政治體制崩潰

E：此外，您看現在的中國……。

莊子：啊～中國。

E：您做何感想？

莊子：中國啊～嗯，中國。有一種「暴發戶」的感覺；給人的印象是「暴發戶」的感覺。

中國人到日本，會看到中文的指示牌，無論百貨公司或機場，都播放著中文的廣播，想必心情會不錯吧！如此一來，就沉浸在幻想中，中國國民都以為如今「中國已經降服了美國，中國的時代是否已經到來？」政府引導國民抱著這種幻

想，我覺得現在就是這種狀況。由這層意義上來說，現在正朝著老莊思想的相反方向引導著國民。

你們或許認為中國還是馬克思主義的國家，確實，在中國對於宗教還存在禁忌，言論及批判政府等行為也受到管制，但在某種意義上，我認為中國正在走向一種急進的資本主義國家。

讓國民自由掙錢，最終就會變成自由主義，各種禁令會被推翻。因此，獎勵賺錢的結果，最終會導致現在的政治體制的崩潰吧！這一點不會有錯。

所以，很可惜！「只顧賺錢，政治方面安然不動」，這種好事是不可能一直持續的。

中國還有可能興起革命

莊子：中國以軍事壓制政治，建立了一個總是壓抑人民的體制，因此人們不能自由發表言論。

但網路、手機等各種武器的出現，社會開始出現不安定的情形。在非洲，「facebook革命」、「茉莉花革命」什麼的，大量的人群就是通過網路相互聯絡，組織集會或遊行，進而出現政府垮台、總統逃亡等等的情形。

現在利比亞正與英美法發生戰爭，陷入了非常混亂的狀態（收錄當時）。

中國政府特別害怕這種事情傳染到中國，實際上，只有日本人不知道，中國每年都在發生數以千計，有時甚至有到數以萬計的暴動。但中國進行了資訊管制，至今外界都不知道。

儘管暫時沒問題，但從非洲目前的情況來看，今後的事情誰也難料。中國人也變富裕了，若都擁有手機，還能使用網路的話，「哪裡發生遊行」等等人們全都會知道。若是憑藉這些工具，將有力量的人們串聯組織起來的話，就有可能建立一個反政府連線。雖說必須和思想警察進行對抗，但網路串聯是一股可怕的勢力。

如此網路串聯的時代，實際上和共產主義革命有極為相似之處。「同志聚集在一起，彼此以非常平等的權力，推翻強權政治」，如此形式，實際上和共產主義革命極為相似。

誰都可以透過電子設備、手機或網路等，持有平等的武器，很意外地，這能夠讓人民和擁有強大權力的軍隊及政府，進行對峙。由於已經變成了這樣的時代，興起反革命的可能性，已越來越大。對於中國當局來說，這是最可怕的事情，除非引入剛才的老子思想，讓人們停止掙錢，否則必定會發生反革命。

毛澤東的確在政治上統一了中國，但讓中國人變得貧窮也是事實。他掌握大權，造成了中國經濟落後，三十多年一直處於低迷狀態。台灣變得非常的繁榮，而中國卻一直低迷，曾經是中國一部分的香港，被英國統治一百五十年，卻也變得非常繁榮。採取何種政治體制，對國家的繁榮會有多少影響，只要看看香港與台灣就會明白。

所以，受到這兩個地方的影響，中國南部正在發生變化。

總之，這意味著「政治既能讓國民不幸，亦能讓國民幸福」。

現在，中國是否會發生反革命呢？中國會不會突然發生與中東一樣的事情呢？這雖然取決於軍方的動向，但軍方也不是完全與民心相隔，他們也開始透過網路或手機與民眾相連，若是此時出現橫向的權力、水平的權力，軍方就會出現狀況。

至今只聽從上面的命令而行動的軍方，如果因橫向的資訊開始運作時，中國就會出現問題。

學習日本的「資本主義精神」

莊子：你想問的是這個問題吧？沒錯吧！嗯！你想要問什麼來著？

E：看到中國的現狀，您有何感想？

莊子：啊～有何感想？

我與老子的想法，畢竟還是不同。我與老子不一樣，現在正在努力學習勤勉的美德。

總之，中國必須學習日本的「資本主義精神」。若能學習到，這麼小的國家卻能夠如此發展的訣竅，中國就能夠建設更加富裕、幸福的社會。

若能建設一個真正自由的社會，那麼人們所擁有的能力將得以解放，進而能從事更有建設性的工作，國力也將增強。如果中國真的想成為世界的領導，就應該這麼做，結果也應變為如此。

這次發生的日本大地震，我感覺中國還是比較冷漠。表面上或許有進行弔唁，但內心的想法，或許就好像是在戰爭中投下了第一顆炸彈，並且心想：「活該！那麼壞的國家，受到這點報復是理所當然的！」

但我認為這畢竟是貧窮思考啊！對於他人的痛苦與悲傷，湧現不出慈悲之心，這就是心靈不富裕的證明。

就算存在著思想和意見的不同，但遇到困難時互相幫助，做為人來說，是理所當然的事情。這麼說，有點像儒教了，但如果不擁有這種「仁」之心，是不行的。

看到中國這次的舉動，我認為中國還差得遠啊！還遠遠不夠近代化啊！

E：謝謝。

三、該如何透過網路向中國進行傳道

在中國，人權思想未得到充分的保障

E：剛才您提到了「在中國透過網路，進行遊行的呼籲」；我上個月去了中國，在中國停留期間，剛好聽到了有人透過網路，呼籲人們進行遊行。從這個狀況可以看出，那些年輕的中國人民，都在尋求某種精神的思想或者是說自由。

在您的教義中，有「與道同遊」的內容，具體來說，這一類的教義要如何透過網路傳達呢？

莊子：不，我認為中國現在需要有新的道德。

不要以為這個「道」，就是道路的意思，我認為現在必須要建設新的人倫之道、做為人之道德的大道，就是那種筆直向前之道。

在地球人口六十幾億之中，擁有十三、四億人口的中國，有著能夠讓全人類當中的幾分之一或幾分之幾的人口，變得幸福或不幸的權柄；因此我認為中國的責任非常重大。

雖然剛才老子表現得一副無所謂的樣子，但我是愛爾康大靈的弟子，也是同伴，所以若是把我和那種把睡午覺當成工作的人視為一夥的話，這會讓我感到困擾的。

雖說如此，但我認為中國是有問題的，畢竟歐美所說的人權思想中，還是有正確的道理。在中國，人權思想未得到充分的保障，還差得太遠，中國還是會對人民進行不正當的對待，或壓迫、鎮壓。

這次那個得到諾貝爾和平獎的人（劉曉波），讓他去領獎有什麼不好？為什麼不行呢？到挪威去領獎，不是還能發揚中國的國威嗎？不是只有上海世博和北京奧運能宣揚國威吧？去領諾貝爾獎，又有何不好？

能領的獎去領就好了，可是中國政府覺得若是那個人拿了諾貝爾獎，就會讓政府受辱，所以把那個人關進了監獄。關於此事，中國政府還是得聽聽國際輿論比較好。

由於達賴喇嘛逃到國外後，持續叫嚷了幾十年，或許中國政府認為那個人會變得像達賴喇嘛一樣，所以才防備警覺了起來。一旦承認那個人得獎，得獎者就會被賦予力量，所以中國才會感到討厭。

不過，中國政府還是做得太過分了。那個人曾在天安門事件中，當政府鎮壓民眾時，他站在受害民眾的立場上，向政府提出過意見。

中國歷史充滿了國家興亡的教訓

莊子：這並非僅是日本的意見，觀看中國的典籍，過去就曾出現過許多愚昧的皇帝。過去出現許多暴君，歷史上常常興起革命；觀看中國歷史，這類事情不斷地重複發生。

所以，中國歷史就充滿了「皇帝若不重視親信、軍師等忠臣的進諫，後果會很慘」的教訓。

然而，中國值得驕傲的也就是這些；眾多的人們開創了眾多的歷史，形形色色的國家興亡，在這個歷史中，存在著「人類智慧的寶庫」。這些已作為中國典籍留存下來，當今的政府若是不聽勸諫的話，最後會發生什麼，學習一下過去的歷史就會知道。

有些意見看起來像是反對現行體制，但若是此意見是可以得到其他世界的認同，那麼就值得斟酌參考。

對此若是無法認同，那麼像其他國家那樣的在野黨就無法存在。將在野黨當做是動搖統治權力的存在，如此想法是不對的。多數的暴力，將會扼殺少數的意見，故當權者必須要經常聆聽反對者的意見。

當然，所有的意見無法一一聽取，並且在回應那些意見時，或許會感覺有些耽擱時間，但這種「耽誤時間」的焦急中，存在著無法讓人們幸福的念頭。

現今，中國是中國共產黨的一黨獨裁，但從世界的潮流來看，數量眾多的人們、形形色色的人種和民族，彼此的意見各不相同，不管是英國和美國，人們的意見也存在著分歧；因此中國也一樣，多達十三億的人口，意見自然是會分歧的。

若是因為嫌聽取各方意見太麻煩，進而就進行軍事鎮壓的話，這種做法也未免太過原始了。

所以，中國政府今後最好能寬容地接受反對意見，同時探究「什麼是全體國民的幸福」。

天上界的忍耐已到極限

莊子：中國現在的當政者們認為：「若是採取西洋式民主主義，就無法掌握獨裁的權力，執行力會下降，意見也會出現分歧，只是不斷地議論，事情則毫無進展。」

看到新聞老是在報導日本等地的國會一直吵架，所以他們認為「若是變成那樣的話，政策的推動力量就會下降」。他們認為「由於在中國可以行使一元化領導，所以才達到了如今的經濟發展」。只要用一元化領導治理政治的話，就可以封殺對己不利的聲音，並且國民也無法反彈。

由於日本的媒體說了政府太多的壞話，所以或許政府會感到很頭疼；但在中國，媒體應該無法發揮作用。

所以，我認為改革是當務之急，從天上界來看，現在已經到了忍耐的極限，不會再等三十年了。從中國政府拒絕讓那個人去領諾貝爾獎開始，天上界會認為「得在近幾年內進行改革」也是理所當然的吧！

歐美之所以不能對中國採取強硬措施，乃是因為中國是一個軍事大國，這跟對待北韓的方式幾乎是同樣的論調。

儘管歐美很想改變北韓的體制，但由於北韓可能擁有核子武器，所以始終難以行動。萬一北韓按耐不住，到處發射核子武器，或進行恐怖攻擊的話，那就麻煩了，所以只能小心翼翼地對待。

那是一個如何看待人命的問題。

我剛才所說的意見，或許會觸犯現今中國的規定。但即便如此，我覺得該說的話還是得說。「人命被輕視、個人的意見被輕視、個人的主張被輕視、無視其它國家的評價」這不是好事。

引入宗教是通向「言論自由」的捷徑

莊子：雖然我認為「對人實行一元化統治」是一種洗腦，但在中國雖說沒有宗教自由、信教自由，然而我覺得政府在某些方面替代了宗教。

宗教一旦進來，民眾就會擁有不同於以往的思想，所以對於這種一元化的世界來說，引入宗教實際上是通向「言論自由」的捷徑。引入另外的力量，也就是「信仰的力量」，顯而易見地，這對於當局來說，是最可怕的事情。但是，若是如此的做法能給人們帶來幸福的話，在某種程度上也必須加以容忍。

人是可以進行自由思想的。「雖然思想是自由的，但不能表達。」這是件很難受的事情吧！

就算告訴人們「賺錢」才是目的，讓人們都為了賺錢而拼命，但並不是所有人都會賺錢，當出現了貧富差距，怨聲四起時，「如何解決這個現象」，就成了大問題。

按照剛才老子的思考方式，應該要「回歸原始」，但僅憑此還不能解決問題。

靠股票成為大富豪，大量開著幾千萬日元高級車的人住在上海附近，然而內陸地區的人們卻過著「穴居」的生活，甚至連電也沒有，這種事情是不可能被長久容許的。若是從真正的意義來思索共產主義的理想的話，基本上那就是「每個人的人權都是平等的」。

「穴居」在連電都沒有的地方的人，與乘坐數千萬日元高級車的人，同樣都是人，生活於同一時代、同一國家，對此一直放任不管，實在是太奇怪了吧！

如果是一個能夠反映多元化意見的政治，換言之，如果是一個能反映在野黨意見的政治，這種事情當然是不被允許，並且會遭受責難的。當然，現今的中國政府不會聽這些意見，而是拼命做重點政策。換句話說，就是把錢用在擴張軍事上。但我想說：「請等一等！如果國民之間的不幸感及幸福感的差距一直擴大的話，消除那差距不就是政府該做的工作嗎？」

中國政府必須果斷地改變方針

莊子：雖然香港回歸了中國，但看到中國說「香港的體制五十年不改變」，明眼人一看就明白，中國其實也知道，如果把香港同化成和中國一樣，住在裡面的人就會逃出去。

若是很多人逃離國家的話，那可是一件不幸的事情。

日本遇到了那樣的大地震、海嘯，以及核電廠的事故，雖然現在許多外國人逃往國外，日本人中的有錢人也開始逃離（收錄當時），但「人們逃往國外」畢竟是意味著那裡發生了不幸的狀況。

日本是因為發生了地震，才出現那種情形，但若即便是沒有地震的情況，人們卻仍想逃跑，想必是那個國家的體制發生了問題吧！

或許中國只是對於變得富裕的地方，進行了巧妙的宣傳，但對於內部的矛盾、到處發生的暴動，則沒有真實地報導出來。而如今人們正試圖透過民眾革命，打破這個假象。

也就是說，過去發生過的事情，現在也會發生。共產主義的國家是藉由平等思想的革命所興起的，而這個藉由平等思想而建立的革命政權，依舊會因為相同的平等思想，再度垮台。這次的手段雖然不同，但肯定會被不同的手段擊潰。

觀看時代的趨勢，中國政府還是必須果斷地改變方針，我認為這樣的時期已經到來。

中國過去曾派出了軍隊，對十萬名以上的民眾遊行進行鎮壓，因為這天安門事件而被國際孤立；這次的諾貝爾獎事件，他們又遇到了同樣的問題。

我認為，中國若想成為真正的大國，必須更進一步敞開心扉。

中國人應該留心於「品德的陶冶」

E：非常感謝您寶貴的教諭。IT傳道局將以您的教誨為基礎，透過網路，努力將「烏托邦的原理」傳遍至中國以及全世界。

莊子：直到前一陣子為止，很多中國人會到日本來買東西，但現在肯定都不來了吧！或許是因為害怕核輻射而不來了，但曾經來過日本的人，一定會有些感受吧！

許多的中國遊客會到皇居四周觀光，而皇居正是天皇居住的地方，但即便在那裡喀擦喀擦地拍下許多照片，也不會有人遭到逮捕，我想他們應該能夠感受到這個國家的風氣或自由感吧！

在銀座購物，或在皇居周圍拍照，也不會遭受任何盤問，所以我想中國的民眾應該能感覺到這方面的不同吧！

我認為中國對於日本，不要只挑自己想要的，應該學習的地方都要學習。

話說回來，我認為日本和中國相比，還依舊領先一個世代，也就是三十年左右。

雖說中國的GDP（國民生產總值）已經超越了日本，但中國的人口是日本的十倍。今後，中國還想要將所得增加十倍，不是那麼容易的事情，所以，日本還有許多地方值得中國學習。如果所得增加了、經濟水準提高了，人們的品德也必須得提高才行。

這並非是指有錢人就不能吵架，但所得提高了，就必須具備相應的社會教養，就必須成為一個遵守禮儀的人。所以品德的陶冶，今後將變得非常重要，對此不可不知。

E：是，非常謝謝您！

接下來，容我們交換提問者。

莊子：好。

四、共產黨的一黨獨裁體制的前途

中國執著於統一國家的理由

大川宏洋：那麼，請允許我進行提問。

剛才您提到「中國發生大革命的時間，已越來越近」，最近中國民眾頻繁地透過手機相互聯絡，聚集在一起進行遊行。當實際發生那般革命行動時，現在共產黨的一黨獨裁的政治體制，將會以何種形式崩潰呢？那行動會是以武力蜂擁而起嗎？還是政治思想性的運動？具體來說，會是何種形式呢？若能預測的話，請您賜教。

莊子：中國之所以會那麼頑固地堅持，是因為近代中國曾遭受歐美諸國的侵略，變成殖民地的狀態，割讓了許多地區，中國經歷了一段被任意宰割的歷史。

鴉片戰爭之後，許多的地區被強奪，所以中國政府認為「如果被對方看到弱點，那種弱肉強食的時代就又會開始」，才會如此提高警覺。

若是發生了內亂和革命，外國勢力就會趁機破壞，主權就有可能遭受侵害，這是他們最擔心的事。

此外，中國是一個多民族國家。很令人意外的，由於存在著各種不同的民族，中國也在擔心「能否只透過協商就安撫這些民族，進而維持國家的狀態？」

中國的歷史，一直以來都是在思索「如何建立統一的王朝？」那是因為不消多久，國家很快就又要分裂了。所以，若問：「如果國家分裂了，人們是否就能幸福呢？」答案也未必是如此。

現實當中，舊蘇聯解體之後，變成各個不同的共和國，並且持續發生內戰，因此中國很害怕會變成那種情況。

換言之，就是看到了舊蘇聯解體之後的情形，中國的態度就急劇轉變了。在鞏固提升軍事力量的同時，也追求經濟方面的發展。

當物質不足、過度貧窮時，人民就會發生叛亂，所以中國一方面拼命搞經濟，讓人民知道國家正在發展，另一方面又使用「糖果和鞭子」當中的鞭子，強化軍事力量，試圖告訴人民「我既可以和外國開戰，又能鎮壓人民」。

我想中國政府大概以為自己做得很成功。

但儘管如此，外國的資訊不斷滲入。人們能從電視等上面看到外國的資訊，日本NHK的新聞，在中國也可收看。

此外，文化方面的交流，是怎麼樣也無法阻止的，中國的電影也進入了必須和好萊塢電影競爭的時代。再加上人們能夠自由地前往海外，想要阻止外國資訊進入，已是非常困難的。

所以，就像日本明治維新時期一樣，如今的中國實際上正處於「尊皇攘夷思想」與「開國思想」相互爭鬥的狀況。中國正面臨著「應該開國？還是應該鎖國？」的選擇，但從時代潮流來看，我認為開國派一定會取得最後勝利。

從此意義上說，很意外地，明治維新或許會成為一種範本。「開國之後，不曉得該建立何種國家？」若是看不到未來的理想，只是崩潰瓦解的話，那就麻煩了，所以必須要有範本做為參考。

現今的中國正悄悄地研究到底哪種模式比較好？美國模式？英國模式？歐洲模式？還是日本模式？有很多種模式。

只不過，中國人有著喜歡獨裁者的傾向，所以即使實施選舉，也會出現各種違法行為吧！特別是，中國政府非常害怕被外國侵犯主權。

現代的改革將從資訊公開開始

莊子：至於改革會以何種形式興起？嗯～，我想現代的改革終將從資訊公開開始吧！然而對此，中國政府非常地警戒。

舊蘇聯解體的起因就是資訊的公開。戈巴契夫當上總統時，進行了五年左右的改革運動，而當時的政策之一就是資訊公開。他試著讓人民共享資訊，但人民知道了實情之後，國家就崩潰了。

但儘管如此，正確的政治，資訊必須是透明公開的，並且還必須是能夠讓人民認同的政治。若是身處軍隊或政權要職的一部分人，為了貪圖權力，為了滿足自己的各種欲望而行使權力的話，這是不可原諒的。

所以，現今正不斷發生資訊革命。一般來說，這是大眾媒體做的事，但中國的大眾媒體幾乎全都處於國家的管制之下，大眾媒體形同虛設。

日本現在有許多大眾媒體，其歷史將近有一百年，但行動電話或網路情報的盛行，日本的大眾媒體正不斷萎縮，面臨破產的危機。所以，中國正略過大眾媒體的時代，直接進入下一階段。首先，將開始混沌狀態。「混沌」一詞是我特有的表現方式。（注：「混沌」一詞源於《莊子》。）

蘇聯解體分裂成俄羅斯和其他共和國之前，誰也沒能預料到會發生這種情形。世界完全沒有料想到，那曾經和美國進行冷戰的強大蘇聯，竟然會解體。雖然誰都沒有想到，但的確是解體了。

並且，這在某種意義上也證實了，就算國家解體了，也並非全部都會消失；雖然俄羅斯和其他共和國的關係很複雜、難解。

中國日後的指導原理可參考幸福科學的思想

莊子：中國或許會發生內戰，但雖說如此，我還是認為自由思想還是與西方的人權思想相通，並且那人權思想並非是指「擁有機械性的人權」。

歐美式的人權思想的根源來自於「人乃為神所創造」的思維方式，也因此，「人是尊貴的」。他們是這麼思考的。

這種思想在現今幸福科學中，是以「人是佛子」的思想出現。

我想若是中國接受這種思想，就不會有「屈服於日本」的感覺。

佛教的思想源於印度，通過絲路，經由中國再傳到朝鮮半島，爾後傳入了日本，或者是直接從中國傳入了日本，進而讓日本變成了一個佛教國家。

就這層意義來說，關於佛教，中國是日本的前輩，可是如今這個佛教的思想，再逆向輸入回中國，這本身並非是一種屈辱吧！我覺得應該很容易接受才對。

我認為中國應該再一次學習佛教思想。佛教當中有著民主主義的思想，所以我希望中國能好好地活用這民主主義的部分，並且這和現今幸福科學所講述的經濟繁榮的思想，是融為一體的。

佛教思想就是人人皆能成佛的思想。在佛教當中，基本上所謂「成佛」，即是指「覺醒」、「成為覺醒之人」。並且佛教認為，任誰都能夠藉由開悟，成為覺醒之人。以成為覺醒之人為目標，走在成佛之路上的人，就是所謂的菩薩。

所有人皆宿有佛性，人人都被賜予了平等的機會。在某種意義上，在此可以看到類似於「共產主義理想」的思想。

然而，在悟道的過程中，必須得經歷修行這個過程。幸福科學既能完整地講述這過程，同時又講述了國家的發展繁榮的方法，因此我認為幸福科學的思想，正是現今中國應採用的思想。

我很清楚中國對歐美十分反感，此外，我也知道因為過去的戰爭，中國人對日本懷有敵意。

但是，日本在明治時期之後，吸收了歐美思想，實現了近代化，變得半歐美化，所以，如果中國能以佛教思想為媒介，並學習來自於日本的思想，我想就會產生出今後的指導原理。

對於在全世界六十億人口中，擁有十幾億人口的中國，認為此國該從地球上消失的人，我想並不多；這個大國是不可能被抹滅的。既然抹滅不了，那麼就必須讓居住在其中的人們獲得幸福才好。中國不僅要謀求本國人民的幸福，還必須要和他國和諧相處才行。不能只考慮國家政治的安定與統一，還要重視與他國的和諧。

所以，對於中國來說，不再將美國和日本視為假想敵，是非常重要的事。

我認為今後中國的指導原理，就在幸福科學的思想中，最好能大膽採用。就像日本曾在聖德太子的時代接受佛教一樣，採用幸福科學的思想，重建近代發展原理就行了；答案就在幸福科學的思想中。

五、為了使「靈性的時代」得以到來

否定神佛的思想是錯誤的

大川宏洋：與您現在所講述的內容有所關聯，在二十多年前的靈言中（一九八六年二月九日收錄《大川隆法靈言全集第十六卷》第一章），您明確地指出「唯物論是錯誤的」，並教導我們：「自由主義思想與共產主義思想相融合的靈性時代即將到來，新的政治體制即將開始。」

現在，不僅是中國，在日本也同樣漫延著唯物論思想，今後這個「靈性的時代」，具體將會以何種過程形成呢？

莊子：上回講述靈言時，還是冷戰持續的時代。一方是蘇聯，一方是美國，那時，人們分不清哪一方是正確的。

在日本，被稱為知識份子的人們，大都傾向於左派，幾乎不存在右派的知識份子。

在那個時代，人們皆認為左翼、唯物論的思維方式是正確的，並認為蘇聯和中國是非常好的國家。

在那樣的時代，我在靈言中指出「唯物論是錯誤的」。

並且，事實上，對於共產主義國家的實際情形，若真的打開蓋子去看，就會發現情況大不一樣。若是被強權壓制，人們就無法自由言論，只能說國家好的一面；但若是讓人們自由地言論，那麼會講出什麼樣的意見呢？

若就「唯物論是否正確？」這個問題來看，其實它也存在一部分的效果。在努力製造東西，轉變為工業國家的階段中，唯物論具有著非常有效的一面。

在物理、工學及醫學中，還明顯存在著唯物論的思想。不能說因為是在唯物論思想下，所製造出來的藥物就沒有效果，有效還是有效，外科手術也有其效果的。此外，若是記住了製造車輛的方法，還是很方便的。所以，不能全部予以否定，有些東西還是不能和科學切割的。在此層意義上，雖然不能說唯物論全部是錯的，但如果唯物論思想走向「否定神佛」的方向時，那就錯誤了。

簡而言之，如果讓教會的力量過於介入世間，時代就會停止於中世紀，近現代就不會開展，所以在這層意義上，唯物論的力量起到了效果，它讓教會的力量或者是宗教的力量暫時退後。因此，在創造近代啟蒙時代，與唯物論有親和性的思想擴展開來，在某種程度上是有其意義的。

但是，如果這樣的思想過了度就不行了。

「人原本是精神性的存在，如此精神性的存在，為了能享受精神性的幸福，作為其基礎的物質的部分，需有某種程度的便利及繁榮。藉此，人才能度過像人的生活。」如此想法基本上是正確的。

在中國，人們並沒有被賦予平等的機會

莊子：老子所說的：「住在洞穴裡吧！回歸到穴居時代吧！和原始時代一樣就行！回到克魯馬農人的時期吧！」我認為這種意見是胡鬧，是不負責任的意見。我不會那麼想！

作為「餘裕」的表現，或許該遊於道，但從某種意義上說，如今中國的部分地區，其競爭的激烈程度已經超過了日本。

那麼，在中國，是否每個人的機會都是平等的呢？答案是否定的。共產黨的人，特別是共產黨幹部的子弟們，獲得了極其優渥的機會。

十三億的人民中，共產黨員有七千萬人，其中幹部的子弟們，機會尤為優渥。既有機會能獲得高學歷，或者到海外留學，在國內就學亦能得到國家的支持。有太多生下來就不平等的例子，所以必須發起真正意義上的共產主義革命。

與此相比，日本方面是一個非常平等的社會；因為無論出生在什麼地方，都能夠透過個人的努力選擇職業。即使生在農家，也可以成為醫生；醫生的孩子也可以成為工廠的勞動者；教師的孩子也有可能成為銀行職員；日本是一個非常自由的國家。

在過去的冷戰時代，人們都說：「在自由主義社會中，雖有非常富裕的富翁，但也有像紐約哈林區一樣的貧困社會，毒品氾濫，人們極度墮落。另一方面，共產主義社會卻不存在這種墮落，人人皆很健全並遵守規律，是一個平等的社會。」

然而，人們現在明白了那未必是如此。在共產主義社會中，那些許多非人道的事情，也暴露於陽光底下。

在自由主義社會中，那種侵犯人權的罪行會被公佈出來，所以就不好做壞事了。

現今中國必須要把那些事公佈出來，必須得培養出承受人們批判的忍受力。中國人現在皆已變得富裕了，許多人都到過海外旅行，人們的「鑑別力」已逐漸提升，這終將會成為一股巨大的力量。

中國應進行內部改革

莊子：當軍隊與政治關係密切時，民眾無論如何都無法取勝，但現在軍隊開始與政治拉開距離了。

非洲最近的革命，譬如現在的利比亞，格達費仍掌握軍隊時，就算民眾想要發動革命，只要軍隊加以鎮壓，民眾武器不足，必然無法取勝。因此，歐美諸國開始介入後，現在陷入了有點混沌的狀態。

（注：此為收錄時的情形。之後，格達費被反政府勢力殺害。）

另一方面，就像其他國家那樣，當發生「茉莉花革命」時，軍人們覺得無法將槍口對準民眾，如果軍隊不支持政府，革命就會成功。

這也能顯示出，軍隊多少受到了資訊革命的影響。

例如，如果是「縱向的指揮命令系統」與「橫向協同作戰」之間的戰鬥的話，若從共產主義真正的宗旨來看，橫向協同作戰具有其正當性。

現今值得關注的是，被認為是「與平等社會相反」的日本，實際上是實現了平等的社會；共產主義的理想，實際上只在日本得到了實現。

在日本，在獲得「機會的平等」的同時，透過所得稅或遺產稅等非常嚴格的「所得稅再分配」制度，進而創造出一個無法產生「貴族階級」的社會，因此每個世代的人，都能得到嶄新的機會。雖然存在著競爭，但在某種意義上，共產主義社會的理想，或者是說社會主義社會的理想，在日本得到了實現。

然而，我認為現今日本，唯物論的傾向太過於強烈。在拼命生產汽車等等的過程中，失去了靈性，忘卻了宗教性的思想，因而現在興起了宗教革命。

對於中國來說，日本是一個範本。中國太過度宣傳「第二次世界大戰中，日本的殘酷行為」，進而停止向日本學習，我認為基本上這是個錯誤。

或許可以這麼想：「因為遭受了此次的震災，日本得以洗刷過去的罪惡，我們就發揮寬恕之心，看看日本有沒有什麼好的地方可以學習吧！」

如果像那種大震災發生在中國，我想到處都會發生暴動吧！但在日本卻完全沒有這類事情。所以，日本看似無宗教信仰，但日本國民的道德水準很高。對此，還是值得學習的。

我認為現今中國一定要向日本學習，這樣中國才能進一步地發展。

日本出現左翼政權，這對於日本人來說，在某種意義上或許是件不幸的事，但對於中國來說，現在是接近日本，與其交好的好時機。

此時應該學習日本的各種文化，推進內部改革。

首先，必須得了解其思維方式才行，必須得開國才行。現在不需攘夷派，而是要建立開國派。至今中國還在討論到底是要開國還是攘夷？

從「避開歐美、日本的介入」的意義上說，攘夷派還是相當強的。現在中國處於一種既想攘夷，又想賺錢的狀態。儘管想要一邊攘夷，一邊透過貿易賺錢，但這是日本早於一百多年前就已經歷過的事，基本上是行不通的。

六、如何向中國的人們傳播靈性世界觀與信仰

不是讓思想一元化，而是要自由競爭

大川宏洋：我去年去了一趟上海，並且參觀了上海的寺廟。中國只承認五大宗教，宗教受到了很大的打壓。

所以那個時候我原本以為人們沒有什麼信仰心，但實際看到在寺廟參拜的人們，每個人皆非常虔誠地祈禱，讓我感覺到比日本人還要有信仰心。

對於這些接受了國家的唯物思想教育的人們，有沒有什麼方法，能夠向他們傳達靈性世界觀以及信仰觀？

莊子：不是已經開始在傳達了嗎？幸福科學的中文翻譯書籍，不是已經出版了嗎？

中國人讀了這些書，除了對政治體制的話題會感到有些忌諱外，除此之外的內容，應該會出現同感而不會抗拒。只要相信幸福科學的人變多了，逐漸就會廣為人們接受。

民眾本身的宗教心，終究是無法鎮壓的。

政府和軍隊只是害怕那會轉化成為政治的力量，但那些在政府、軍隊當中的上位者，有很多是相信宗教的。有很多人是虔誠的佛教徒、儒教徒，或者是道教徒；甚至就連胡錦濤，大概也是道教的信者。

所以，比起日本人來，現在的中國人更具有雙重意識，即對外和對內的意識。

「如果脫下了馬克思主義的外衣，國家是否就不保了呢？」由於存在著這種顧忌，所以共產黨害怕宗教。因此，為了要保護馬克思主義和國家，就不得不對宗教進行打壓。

雖然毛澤東好像變成了英雄，但最終把中國經濟搞得非常失敗，進而淪為了落後國家。

之後，又出現了四人幫（注：江青、張春橋、姚文元、王洪文四人。雖然他們主導了文化大革命，但在毛澤東死後，全部倒台）大肆進行鎮壓，使國民深受其苦。他們對各種文化打壓，並試圖對人民洗腦，使眾多文化工作者受盡折磨。

簡而言之，當政治取代宗教，想要把思想和文化進行一元化洗腦的時候，終會讓人民變得不幸。必須要讓人民能夠自由地思想，對於「思想的市場化」，也就是對於「讓思想自由地競爭」必須得更樂觀看待才行。

無論崇洋的思想如何流行，在中國亦存在著固有的信仰。讓思想自由競爭，在某種意義上說，這也意味著中國昔日的思想亦能確實地復興。我認為善惡兼容的氣度是很重要的。

我覺得日本了不起的地方在於，不管是週刊雜誌或者是報紙、電視、個人等等，對首相進行一連串的批評，都不會有任何一個人遭到逮捕。

國家的最高權力者，遭到了那般頻繁地惡語中傷，想必是很難熬的；但反過來說，如果是一個只要向當權者講了任何一句壞話，就會被處刑的國家的話，那也是非常痛苦的。因此，看到日本現在的情形，就不得不承認這個國家已達到一定程度的發展狀態。

我想中國的上位者，是無法忍受比自己地位低的人的批判吧！對於認為「這個世界的權力就是最高權力」的國家，我們必須要告訴這樣的國家：「你們還需要另一個次元的宗教。」透過認識到「神佛的存在」，人就會明白自己尚不完美，進而就會變得謙虛。所以，信仰真的是很重要，對此不可不知。

雖然中國已經幾乎將馬克思主義拋棄了，但由於目前還沒有找到替代品，因此暫時還在利用，但人心早晚會離其而去。

中國的希望之路

莊子：所以，我認為用幸福科學的思想就行了。

然而，日本和中國，這兩個國家雖用「國」與「國」來看待彼此，但卻一直在擔心若是被假想敵國的思想給影響就危險了，進而變得不相信彼此。

現在中國的軍方或政治部門所做的事，常常引人詬病。他們想要排除來自於美國或日本等國的勢力，但如此想法是錯誤的。這也代表著中國尚未充分了解，美國或日本賦予人民自由及幸福的價值。

因此，關於這方面還必須得更加強民間交流才行，藉此才能讓彼此了解對方在思考些什麼。

過去的戰爭是很不幸的事情，如果可以的話，最好不要再發生第二次。為此，就必須得好好地理解對方。

現今日本和美國雖然成為了盟友，但在先前的戰爭中，美國人把日本人當做猴子看，對於日本的天皇信仰亦是嗤之以鼻。

當然，戰後彼此的關係已改變了，但就像這樣，國與國是很容易用善惡二元式的想法來看待對方的，所以還是必須要保有著一種模糊的想法會比較好。也就是說：「世界的本質，並非是一種整然有序的狀態，而是一種尚有發展餘地的混沌狀態。偉大的混沌，方才是世界的本質。在那般熔爐當中，才會創造出新的事物。當興起新的化學作用時，新的事物才會出現。『當身處於那般熔爐，眾多價值觀交錯，未來會變成如何亦無從得知』，對如此混沌狀態感到欣喜，同時還必須要有著豐盈之心。」

所以，我認為中國的政治體制必須要改變才行，天上界的心念必定是想要改變其體制。

在那之前，會以何種形式出現何種警告呢？又或者當中國想要達成自己的野心時，會出現何種挫折呢？今後會出現各種各樣的文明實驗。

看到現在的日本因為震災而變得脆弱，竟然有人想著：「要佔領日本就得趁現在！」中國的軍隊當中有人想著：「日本的自衛隊在戰爭當中很強，所以無法和日本對抗，但現在發生了那樣的震災，自衛隊忙著救援災區，所以可以趁現在進攻日本。」

然而，必須要知道，如此想法是不被國際社會所允許的，並且這種想法就等於是現在利比亞格達費的想法。利比亞就是因為有了如此的想法，而遭受來自其他國家的空襲。中國是因為國家大或者是軍事力強，所以才沒有遭到那般的對待罷了。

所以，中國必須要改革。

另一方面，日本對於先前的戰爭，有著反省得太過頭的現象，現今的日本到了必須找回主體性的時候；日本其實是可以強調自己做為國家的方針的。

在我觀看大局時，我感覺到中國的內部有如此之想法：「日本的GDP已被中國超前，所以現在日本正嫉妒中國。」或許中國覺得日本現正嫉妒著中國，並且現在遭受震災，痛嘗苦楚的狀態，正是神實現正義的時候，但日本終將展現出強大的復興力量，所以還是要謙虛地，該向日本學習的還是得學習；畢竟中國與日本相比，尚有大約三十年以上的差距。

所以，我認為對於中國來說，幸福科學是一條最有希望之道。

七、亞洲的未來願景

「中國、印度、日本」之三國志時代的來臨

大川宏洋：最後，請容我再提問一個問題。

道教發祥於中國，後來傳到了日本，對於中國人或日本人的思想都給予了很大的影響。您成為亞洲人的思想淵源，就您來看，在中國進行思想改革之後，亞洲會變成何種樣貌呢？請您告訴我們，在您眼中未來的亞洲願景。

莊子：嗯～。我想那是一個「中國、印度、日本」的三國志的時代。這三個國家都有各自的優點，印度是一個在宗教上的強國，今後無論是經濟上或人口上皆會逐漸擴大，並會成為中國及日本強大的競爭對手。今後必定會進入這三個國家相互切磋琢磨的時代。

我想不會有那種，某個國家完全抑制另一個國家的情形。所以在這層意義上，我希望未來國與國之間能相互切磋，並且互相增進彼此的幸福。

幸福科學的思想中，能創造出嶄新的事物

莊子：此外，日本人對自己有一種輕蔑，那就是「自始以來，日本的思想幾乎都是模仿中國」。日本人總是認為上流始於中國，日本僅是末端。

然而，藉由這嶄新的思想，也就是幸福科學的思想擴展至全世界時，那源流即是源自於日本，認識到這一點是很重要的。

現今幸福科學表明伊斯蘭教亦是神的教義，試圖消解基督教徒的誤解。換言之，若認為「十字軍是正義的軍隊，是為了擊潰惡魔的

教義而戰」，雙方的爭鬥將不會有消失的一天，所以幸福科學正說明著那般見解是錯誤的。

並且，就中國來說，認識到「基督教國家體現了神的繁榮」是很重要的。

幸福科學既承認中國的思想，也認同佛教、道教、基督教等等，就思想來看，或許會覺得幸福科學是處於一種大熔爐、混沌的狀態，但在其思想當中，必定會出現嶄新的化合物出現。

世界將分成三或四個集團，持續切磋琢磨

莊子：美國雖然想要以美式思想席捲全世界，但現今其趨勢已漸漸停滯下來，並且美國開始慢慢衰退。

中國的抬頭未必是一種壞事。當人們害怕只有美式思想蔓延全世界，往後的一百年或兩百年，沒有任何一個國家能與美國為敵，今後僅

剩下美式思想時，中國正好急速的擴張。這在「不被單一勢力支配」的意義上，中國的抬頭是件好事。

今後在亞洲會成為「中國、印度、日本」的三國時代，而美式思想仍舊會做為一個強而有力的思想，對世界有所影響，而歐洲亦會想辦法於歐洲鞏固其勢力。所以從巨大的角度來看，往後在美國、歐洲、亞洲這三個地方，將會出現三個核心。

雖然那個鳩山由紀夫的思想，遭到了很多的批判，然而，那種「亞洲各國齊心協力，創造出類似歐盟的組織」的東亞共同體的想法，或許會以某種形式實現。藉此，我想亞洲會越來越興隆。

此外，伊斯蘭教圈也有可能會出現變化，因此未來的世界將分成三或四個集團，持續相互切磋琢磨。

基本上，我認為日本的使命尚未結束。

（對大川宏洋說）我想你每天都很辛苦，但彼此一起努力吧！沒有想到莊子轉生於現代，必須得這麼努力工作，或許是因為接受了洗腦教育，但佛教是一個非常重視精進的思想，所以我也想要在某種程度上去適應，能做的我還是想盡量去做。

只不過，如同先前所說的，在某種程度上，我是能包容各種各樣的價值觀的，所以在這層意義上，我的想法是符合幸福科學的發展型態的。

我和那些有著狹隘看法的人不同，我可以包容多元的想法，所以我相信如此寬容的價值觀是有助於教團發展的。

大川宏洋：今天就容我們提問到此，非常感謝您所賜予的尊貴教誨。

莊子：好。

大川隆法：（對莊子說）謝謝。

後語

在發行本篇之前，曾將本篇的內容公布於網路，聽到了許多中國人反應「老子的復活靈言」簡直就是中國人的想法。而對於「莊子的本心靈言」則是感覺到有點偏於現代，不是那麼容易理解。這是因為莊子現在做為幸福科學的支援靈之一，和我們有著深厚的關係之故。

不管如何，這是一本表達幸福科學器量的一本書，亦證明了幸福科學認同中國存在著眾多的偉人，希望此書能夠廣布於華語圈。

幸福科學的思想如大海一般遼闊，希望此書能夠成為日中交流的橋樑。

幸福科學集團創始人兼總裁 大川隆法

二〇一二年七月十七日

國家圖書館出版品預行編目資料（CIP）資料

孔子的幸福論與老莊的本心 / 大川隆法作. -- 初版. -- 臺北市：信實文化行銷, 2012.12
面； 公分 ——（藝術館 What's being；24）
ISBN：978-986-6620-74-4（平裝）
1.新興宗教 2.靈修

226.8 101025547

What' s Being 024

孔子的幸福論與老莊的本心

作　　者：大川隆法
總 編 輯：許汝紘
副總編輯：楊文玄
美術編輯：楊詠棠
行銷經理：吳京霖
發　　行：楊伯江
出　　版：信實文化行銷有限公司
地　　址：台北市大安區忠孝東路四段 341 號 11 樓之三
電　　話：（02）2740-3939
傳　　真：（02）2777-1413
www.wretch.cc/ blog/ cultuspeak
http://www. cultuspeak.com.tw
E-Mail：cultuspeak@cultuspeak.com.tw
劃撥帳號：50040687 信實文化行銷有限公司

印　　刷：彩之坊科技股份有限公司
地　　址：新北市中和區中山路二段 323 號
電　　話：（02）2243-3233

總 經 銷：聯合發行股份有限公司
地　　址：新北市新店區寶橋路 235 巷 6 弄 6 號 2 樓
電　　話：（02）2917-8022

© Ryuho Okawa 2012
Traditional Chinese Translation © HAPPY SCIENCE 2012 All Rights Reserved.
The material in this book is selected from various talks given by Ryuho Okawa to live audience.
No part of this book may be reproduced in any form without the written permission of the publisher.

著作權所有・翻印必究
本書文字非經同意，不得轉載或公開播放
2012 年 12 月　初版
定價：新台幣 280 元

更多書籍介紹、活動訊息，請上網輸入關鍵字 九韵文化 搜尋 或 華滋出版 搜尋